Viktoria Sarina

SPRING IN EINE PFÜTZE!

Band 2

Viktoria Sarina

Spring in eine Pfütze!

NEUE IDEEN
für jeden Tag

Community EDITIONS

HERZLICH WILLKOMMEN in deinem Sammel-, Tage-, Ideen-, Erinnerungs-, Kreativ- und Ausfüllbuch. Ab heute soll dieses Buch ein ganzes Jahr lang dein Begleiter sein. Ganz egal, wann du beginnst – es warten 365 lustige Ideen auf dich. Manche davon kannst du in und mit dem Buch umsetzen und andere außerhalb. Nur eines ist garantiert: Ab heute gibt es keine Langeweile mehr! Gestalte jeden Tag passend zu deiner Stimmung und mache den zweiten Band von »Spring in eine Pfütze« zu deinem ganz persönlichen Buch. Hier ist alles erlaubt! Hauptsache, du kommst auf andere Gedanken und kannst kreativ und fröhlich sein :)

MACH DIESES BUCH EINZIGARTIG!

VIEL SPAß!

Teile deine Seiten gerne mit uns und der Community, indem du Fotos auf Instagram hochlädst und

@SPRINGINEINEPFUETZE

darauf tagst oder den Hashtag

#SPRINGINEINEPFÜTZE verwendest.

1.1.

JANUAR: Was steht diesen Monat bei dir an?

1

2

3

4

5

6

7

8

9

10

11

12

13

14

15

16

17

18

19

20

21

22

23

24

25

26

27

28

29

30

31

2.1.

DER KLASSIKER – schreibe deine Vorsätze fürs neue Jahr auf! Mit positiven Gedanken lässt sich jedes Jahr besser starten :)

3.1.

EIN ETWAS ANDERER STECKBRIEF!

Wie würdest du gerne heißen? ______________

Wie alt fühlst du dich? ______________

Wann gehst du immer schlafen? ______________

Wie lang sind deine Haare? ______________

Wie viele Bücher besitzt du? ______________

4.1.

PINK – PINK – PINK

Klebe hier etwas Pinkes ein.

5.1.

Wie würdest du **DEINE GANZ EIGENE INSEL** benennen?

Und was müsste es dort auf jeden Fall geben?

6.1.

Kennst du **MONSTER SHAKES**?

Falls nicht, hast du echt etwas verpasst!!

Das sind **MILCHSHAKES**, die mit übermäßig viel Süßkram verziert sind. Man kann wirklich alles drauf machen, was man mag: Schokolade, Gummibärchen, Donuts oder – wer auf die »gesündere« Variante Lust hat – jede Menge Früchte.

Suchst du Inspiration? Dann schau doch **UNSER VIDEO** dazu an:

7.1.

Hier ist Platz für einen **INDEX**.

Das ist superpraktisch für die Seiten, auf die du immer mal wieder zurückkehrst.

8.1.

Stöbere durch einen **ONLINESHOP**
und lege alles, was dir gefällt,
im »**EINKAUFSWAGEN**« ab.
Wie hoch ist die Summe, die rauskommt?

9.1.

Schätze dich selbst ein –
wie bist du auf einer Skala von 1 bis 10?

GEDULDIG 1 2 3 4 5 6 7 8 9 10

GASTFREUNDLICH 1 2 3 4 5 6 7 8 9 10

EMOTIONAL 1 2 3 4 5 6 7 8 9 10

PHILOSOPHISCH 1 2 3 4 5 6 7 8 9 10

10.1.

Schau dir mal die **INHALTSSTOFFE** eines **LEBENSMITTELS** an. Kennst du alle? Falls nicht, google danach. Ist das gesund?

11.1.

SCHNAPPSCHUSS!

Ein Regenschirm ist ein lustiges Accessoire für kreative Fotos. Lass dir mit deiner BFF etwas Cooles einfallen. Wenn du willst, poste eines der Fotos mit dem Hashtag **#SPRINGINEINEPFÜTZE** – denn heute ist der **INTERNATIONALE** Spring-in-eine-Pfütze-und-bespritze-deine-Freunde-Tag :D

12.1.

CHOOSE YOUR STYLE!

Wähle deinen perfekten look aus.

13.1.

Was willst du bis zum **ENDE DES JAHRES** noch erledigen? Kehre immer wieder auf diese Seite zurück und hake ab.

14.1.

TANZE EINEN FREUDENTANZ.

Ganz egal, ob du glücklich oder traurig bist – **TANZ!**

15.1.

FEUER, WASSER, LUFT, ERDE –

gestalte diese Seite ganz nach deinem Element.

16.1.

Heute ist Tag der **ITALIENISCHEN KÜCHE**.

Gibt es einen besseren Tag, um Pasta zu kochen?

Und zwar **ONE POT PASTA**: das ist total einfach und lecker – und wie der Name schon sagt, kocht man alles zusammen **IN EINEM TOPF**.

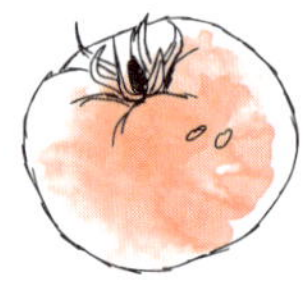

PORTION FÜR 2 PERSONEN

1. 250 g Spaghetti in der Mitte durchbrechen und in einen großen Topf legen.
2. Eine halbe Zwiebel und eine Knoblauchzehe fein hacken und zusammen mit 300 g gehackten Tomaten ebenfalls in den Topf geben. Tipp: Die gehackten Tomaten sollten am besten aus der Packung oder einer Dose sein, weil dann auch Tomatensoße dabei ist!
3. Für die richtige Würze 1 EL Oregano darüberstreuen und dann alles mit einem halben Liter kochender Gemüsebrühe übergießen.
4. Zum Schluss noch 1 EL Olivenöl hinzufügen und das Ganze 11 Min. kochen lassen. Dabei alle 2 Min. gut umrühren, damit nichts zusammenklebt.
5. Nun sollte keine Flüssigkeit mehr im Topf und die Pasta richtig lecker cremig sein. Jetzt kannst du noch mit Salz und Pfeffer würzen und fertig ist die schnellste und leckerste Pasta überhaupt!

17.1.

Versuche dich an einem

STAMMBAUM deiner Familie.

Das Ergebnis wird bestimmt sehr interessant sein.

18.1.

Probier, das Alphabet verkehrt rum aufzuschreiben.

Das ist schwieriger, als man denken mag.

19.1.

Hast du noch immer nicht die ganze **WEIHNACHTSSCHOKO** aufgegessen? Dann schmelze sie doch ein und mach ein leckeres Schokofondue.

YUMMY!!

20.1.

FRAGEN, auf die es **KEINE ANTWORTEN** gibt. Oder kennst du sie?

- Warum gibt es kein Katzenfutter mit Mäuse-Geschmack?

- Gibt es in einer Teefabrik Kaffeepausen?
- Warum ist »Abkürzung« so ein langes Wort?

21.1.

HEUTE IST TAG DER JOGGINGHOSE!

Jogginghosen sind nicht nur das bequemste Kleidungsstück dieser Erde, man kann sie auch cool stylen. Zum Beispiel mit trendigen Boots. Kombiniere ein Oberteil aus einem anderen Stoff zur Hose. Wenn die Jogginghose beispielsweise aus Baumwolle ist, entscheide dich beim Oberteil für Satin, Samt oder Chiffon. Taillierte Jacken, die nicht über die Hüfte reichen, sehen sehr cool zur lässigen Hose aus.

Wenn du dich traust, lauf **DEN GANZEN TAG** in Jogginghose rum – egal, wohin du gehst …

22.1.

Wie viele Gläser **WASSER** hast du heute getrunken?

Male aus!

23.1.

Du hast **100 € BUDGET** für einen Tag – was machst du damit?

24.1.

SUPERFOOD!

Welches hast du schon probiert?

INGWER

CHIA-SAMEN

ALGEN

KURKUMA

25.1.

Heute ist **VERTAUSCH- UND GEGENTEIL-TAG!**
Weihe deine Freunde ein und dieser Tag wird unvergesslich lustig werden :D Zum Beispiel: Vertausche das Besteck in den Händen, schüttele mit dem Kopf, wenn du Ja sagst, ...

26.1.

DIY RUBBELLOS – das perfekte Geschenk!
Egal, ob du einen Gutschein oder nur eine liebe Botschaft verschenken möchtest.

1 Gutschein oder Botschaft auf eine Karte oder dickes Papier schreiben.

2 Nun den Teil, der später frei gerubbelt werden soll, mit transparentem Klebeband bedecken.

3 Erstelle als Nächstes ein Gemisch aus Acrylfarbe und Spülmittel, das zu zwei Teilen aus Acrylfarbe und einem Teil Spülmittel (Verhältnis 2 : 1) besteht.

4 Streiche mit einem Pinsel nun die Mischung über das Klebeband. Wenn die Schicht angetrocknet ist, trage eine zweite und dritte auf.

5 Lass das Rubbellos nun eine ganze Nacht gut durchtrocknen – und schon ist es fertig und bereit, verschenkt zu werden :)

27.1.

SCHREIB dir ein ärgerliches Erlebnis
VON DER SEELE.

Danach geht es dir bestimmt besser :)

28.1.

BUCHTIPPS!

Hast du von unseren Lieblingen schon eines gelesen?

»KIRSCHROTER SOMMER«

Das ist Sarinas absolutes Lieblingsbuch!

»DIE BESTIMMUNG«

»SELECTION«

»DARK VILLAGE«

29.1.

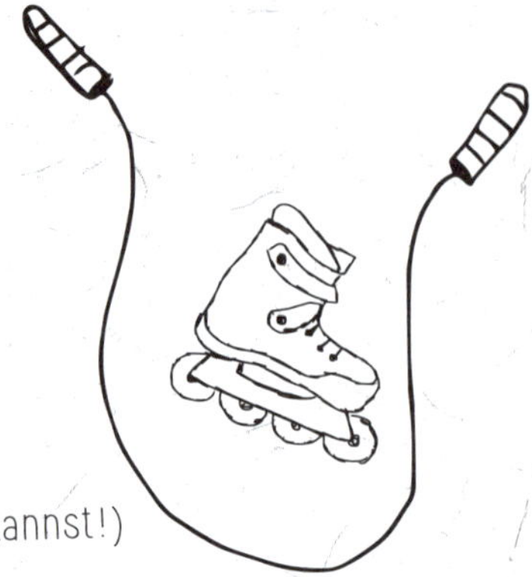

Gestalte deinen persönlichen

SPORTPLAN.

(Aber so, dass du ihn auch einhalten kannst!)

Übrigens, auch Treppensteigen ist Sport :)

MONTAG	DIENSTAG	MITTWOCH	DONNERSTAG	FREITAG	SAMSTAG

30.1.

WAS MACHST DU ALS ERSTES, …

… wenn du aufwachst?

… wenn du nach Hause kommst?

… wenn das Wochenende beginnt?

31.1.

SEI EHRLICH! Hast du deine Vorsätze bis jetzt eingehalten?

1.2.

FEBRUAR: Was steht diesen Monat bei dir an?

1 ____________

2 ____________

3 ____________

4 ____________

5 ____________

6 ____________

7 ____________

8 ____________

9 ____________

10 ____________

11 ____________

12 ____________

13 ____________

14 ____________

15 ____________

16 ____________

17 ____________

18 ____________

19 ____________

20 ____________

21 ____________

22 ____________

23 ____________

24 ____________

25 ____________

26 ____________

27 ____________

28 ____________

2.2.

IN NUR 3 WÖRTERN –

Wie war dein Tag heute?

3.2.

Wie würde dein **AUTOGRAMM** aussehen?

Übe für den Ernstfall.

4.2.

Hast du deine Pflanze aus dem ersten Band von »Spring in eine Pfütze« noch? Falls nicht – halb so schlimm! Probier es einfach noch mal. Vielleicht helfen dir diese Hacks ja weiter.

- Stelle die Pflanze nicht ständig um, denn sie muss jedes Mal ihre Blätter neu ausrichten und das ist anstrengend für sie.

- Pflanzen sollten nicht im Wasser stehen. Falls sich Wasser im Übertopf sammelt, schütte es besser aus.

- Als Dünger kannst du den Inhalt von gebrauchten Teebeuteln und Kaffeesatz verwenden.

5.2.

Wer sagt, dass Einhörner immer Pferde sein müssen? Alles kann ein Horn haben – mach aus diesen Tieren EINHÖRNER.

6.2.

WELT-NUTELLA-TAG:

Das sind 3 ausgefallene Ideen, um Haselnusscreme nicht nur langweilig aufs Brot zu schmieren!

NUTELLA-MOUSSE

Dafür musst du lediglich normale Sahne steif schlagen, dann 1 bis 6 EL Nutella einrühren – und FERTIG! Du glaubst gar nicht, wie lecker das ist.

NUTELLA-EIS

Mixe 1 Tasse Milch mit 1/3 Tasse Nutella und fülle das Gemisch in Eis-am-Stiel-Bereiter. Das Ganze muss nun für 1 bis 6 Std. ins Gefrierfach und schon hast du Nutella-Eis selbst gemacht! Einfach, oder?

SALZBREZELN IN NUTELLA DIPPEN

Oh ja, du hast richtig gelesen :D Das hört sich im ersten Moment vielleicht komisch an, aber probier es aus! Vielleicht wird es dein neuer Lieblings-Snack.

7.2.

Probier mal dieses **MINI-DIY** aus! Dabei wirst du dich wie ein richtiger **KÜNSTLER** fühlen.

DIY

Du kannst dich auf einer Leinwand oder auf etwas dickerem Papier künstlerisch ausleben. Dafür brauchst du Acrylfarbe in 2 bis 3 Farbtönen und eine Plastikkarte (das kann eine alte Kreditkarte oder Mitgliedschaftskarte sein). Verteile dicke Farbkleckse auf der Leinwand. Nimm jetzt die Karte zur Hand und verstreiche die Farbe – alle Farben in eine Richtung oder wild durcheinander.

VIEL SPAß!

8.2.

Weißt du noch, wie du vor genau **EINEM JAHR** ausgesehen hast? Suche ein altes Foto raus. Wenn du dich traust, poste es auf Instagram.

#THROWBACK

9.2.

ACHTUNG, ZUNGENBRECHER!

Versuche, sie – so schnell du kannst – laut vorzulesen.
Wie gut bist du? Bewerte dich selbst.

_ _ _ _ _ _ _ »Blaukraut bleibt Blaukraut und Brautkleid bleibt Brautkleid.«

_ _ _ _ _ _ _ »Der Zahnarzt zieht Zähne mit Zahnarztzangen im Zahnarztzimmer.«

_ _ _ _ _ _ »Die Katzen kratzen im Katzenkasten, im Katzenkasten kratzen Katzen.«

10.2.

Welchem YouTuber würdest du gerne einen **PREIS** überreichen?

_ _

11.2.

Klebe hier **DEIN ERSTES SCHULFOTO** ein! Wie gefällt es dir? (Schulfotos werden bekanntlich eher selten schön :D)

12.2.

Bist du gerade **TRAURIG**? Falls ja, muntern dich diese Sprüche vielleicht ein bisschen auf. Schreibe gerne noch **EINEN EIGENEN** dazu.

SEI IMMER DU SELBST.
Ein Original ist immer mehr wert als eine Kopie.

UND NIE VERGESSEN:
Du musst nicht jedem gefallen.

Hinfallen, aufstehen,
KRONE RICHTEN, WEITERGEHEN.

13.2.

ENTWEDER ... ODER?
Kringle ein, was dir lieber ist!

KETCHUP oder **MAYO**

SCHWITZEN oder **FRIEREN**

MÜSLI oder **CORNFLAKES**

FRÜHAUFSTEHER oder **LANGSCHLÄFER**

14.2. HAPPY VALENTINSTAG! DEIN TRAUMDATE …

Wo findet es statt? ____________

Was macht ihr? ____________

Und weißt du auch schon, mit wem? ;) ____________

Vikis Traumdate wäre ein Picknick auf einer Dachterrasse!

15.2.

Es ist Zeit für eine EINHORN-PARTY!!

16.2.

Welche ABENTEUER hast du schon erlebt?

- Paragliding ◯
- Auf einem Pferd galoppieren ◯
- Jetski fahren ◯
- Unter freiem Himmel schlafen ◯

17.2.

Spiele die »NOT MY ARMS«-CHALLENGE mit deiner BFF.

Mini-Erklärung: DEINE BFF verschränkt ihre Arme auf dem Rücken und DU steckst deine Arme links und rechts unter ihren durch. Jetzt sieht es so aus, als wären deine Arme ihre. Versucht so, kleine Aufgaben zu lösen, wie zum Beispiel aus einem Glas zu trinken.

Wir sind aus dem lachen gar nicht mehr rausgekommen :D

18.2.

Wie würde deine eigene T-SHIRT-KOLLEKTION aussehen?

19.2.

Du bist **STADTFÜHRER**.

Was würdest du Touristen in deiner Stadt oder deinem Dorf auf jeden Fall zeigen?

20.2.

TAG DES HAUSTIERS!

Fülle diesen Steckbrief aus der Sicht deines Lieblings aus.

Das mampfe ich am liebsten: ______________

So viele Stunden Schlaf müssen sein: ______

Auflistung von Dingen, die ich ______________

kaputt gemacht habe: ______________

____

An diesem Ort fühle ich mich am wohlsten:

____

Mein Lieblingsspitzname:

____

21.2.

TAG DER MUTTERSPRACHE:

Welche verschiedenen Muttersprachen haben die Leute in deinem Umfeld? Lass dir einige Wörter beibringen.

22.2.

Nähe auf diese Seite einen Knopf. Ja, richtig gelesen – einen **KNOPF**!

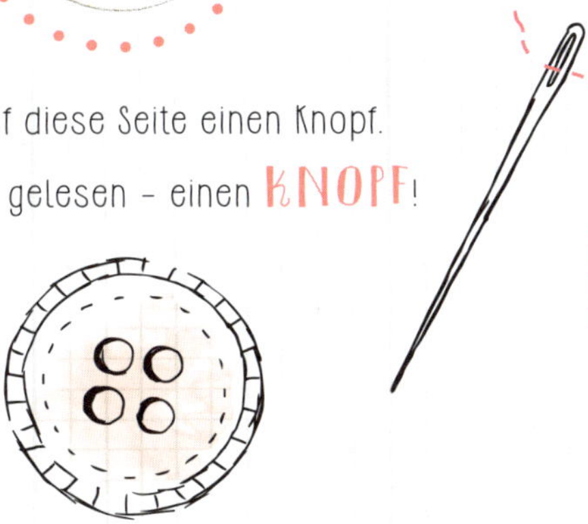

23.2.

Wusstest du, dass eine **WIMPER**,
die ausgefallen ist, Wünsche erfüllt?

WÜNSCH DIR WAS!

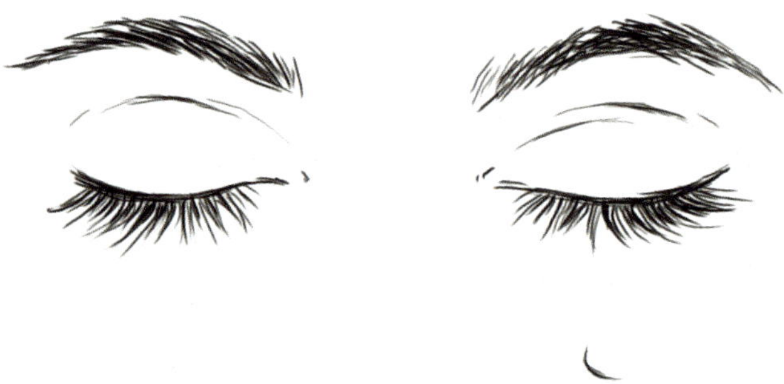

24.2.

Das leckerste Frühstück der Welt!!

FRENCH TOAST

SO FUNKTIONIERT'S:

1 Ein Ei, einen Schuss Milch und etwas braunen Zucker in einer Schale gut vermischen. Wenn du magst, kannst du auch einen Hauch Zimt unterrühren.

2 Nun Toastbrotscheiben für einige Sekunden in der Mischung tränken.

3 Etwas Butter in einer Pfanne zerlassen und die getränkten Toastscheiben von beiden Seiten goldbraun anbraten.

4 PRO-TIPP: Mit dünnen Apfelscheiben und Ahornsirup schmeckt French Toast am aller-aller-besten!

25.2.

Heute ist ein schöner Tag, um eine **FLECHTFRISUR** zu tragen :)

26.2.

VORFREUDE!

Zähle die Tage bis …

… **WEIHNACHTEN**.

… zu deinem **GEBURTSTAG**.

… zum **SOMMERFERIENBEGINN**.

27.2.

SERIENKALENDER

So behältst du ganz einfach den Überblick!

Welche Staffel und welche Folge hast du zuletzt gesehen?

SERIE	STAFFEL/FOLGE

28.2.

Schreibe über die nächsten 3 Tage auf, wofür du DANKBAR bist.

1.3.

MÄRZ: Was steht diesen Monat bei dir an?

1 ________	12 ________	23 ________
2 ________	13 ________	24 ________
3 ________	14 ________	25 ________
4 ________	15 ________	26 ________
5 ________	16 ________	27 ________
6 ________	17 ________	28 ________
7 ________	18 ________	29 ________
8 ________	19 ________	30 ________
9 ________	20 ________	31 ________
10 ________	21 ________	
11 ________	22 ________	

2.3.

Jetzt wird es BUNT!
Verziere diese Seite mit
LUFTSCHLANGEN und
KONFETTI.

3.3.

FLASHBACK!

Wann hast du dein erstes Wort gesagt? ______________________________

Wie sah deine erste Schultasche aus? ______________________________

Wie hieß deine erste Freundin bzw. dein erster Freund? ________________

4.3.

CREEEEPES!!!

Hast du sie schon mal mit diesen Füllungen probiert?
Das darfst du nicht verpassen!!

- Nutella und Bananenscheiben

- Heiße Himbeeren und Vanilleeis

- Sarinas absoluter Favorit sind Erdnussbutter und Mini-Marshmallows!

5.3.

Was würdest du in deinem leben

VERÄNDERN?

6.3.

Male alle KREISE mit einem anderen MUSTER aus.

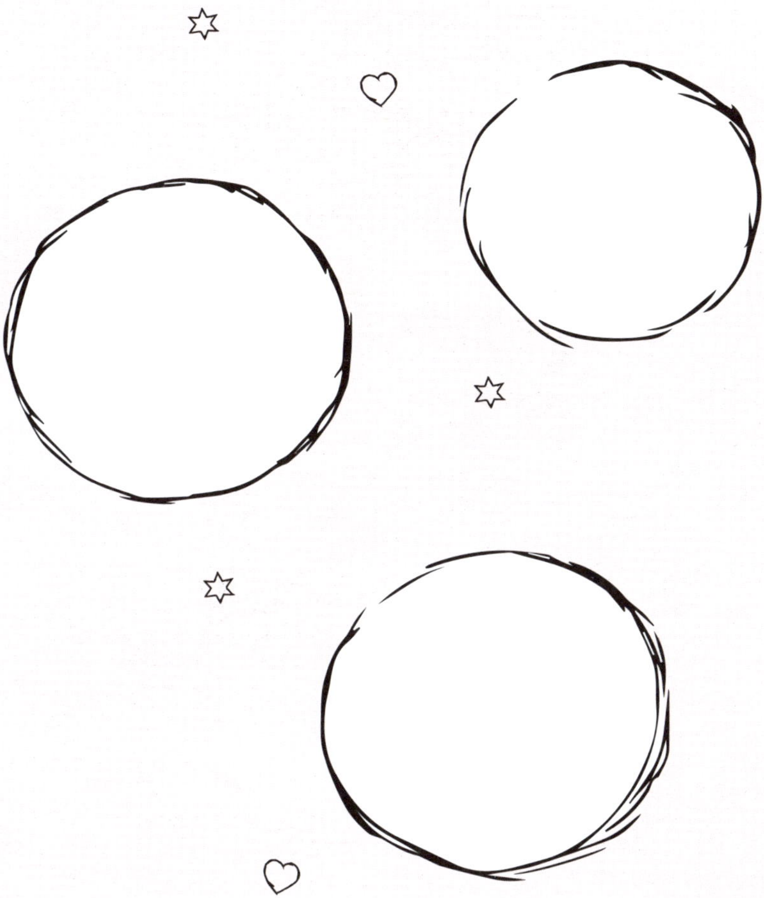

7.3.

Es gibt so viele coole **GESELLSCHAFTSSPIELE**.
Welche sind deine **LIEBLINGE?**

8.3.

Wie gut bist du in den folgenden **SPORTARTEN?**

Gib dir selbst **SCHULNOTEN**.

Reiten

Tennis

Fußball

Schwimmen

Tischtennis

9.3.

Poste ein Zwinker-Selfie von dir.

#TWINKLETWINKLE

#SPRINGINEINEPFÜTZE

10.3.

Beschreibe deinen Tag in **EMOJI-SPRACHE**.

Ob das irgendjemand außer dir verstehen kann?

11.3.

In welcher Farbe schmecken dir **GUMMIBÄRCHEN** am besten?

Zu welcher Sorte **EISTEE** greifst du meistens?

Lieber **SCHOKO-** oder **VANILLEPUDDING?**

12.3.

HEUTE IST DER TAG!

Erledige etwas, das du schon ewig vor dir herschiebst.

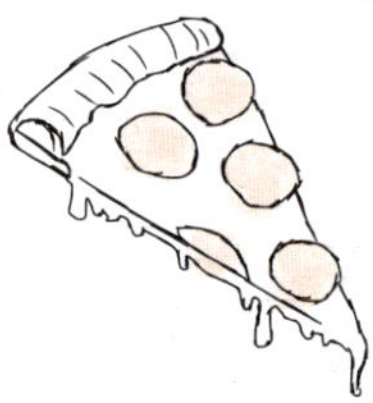

13.3.

Kennst du das **LIEBLINGSESSEN** all deiner Freunde? Versuch mal, es aufzulisten.

VIKI	Süßkartoffelpommes
SARINA	Kürbiscremesuppe

14.3.

Hier hast du die Chance, ein **WAPPEN** für deine **FAMILIE** zu entwerfen.

15.3.

Richte dein **FRÜHSTÜCK** heute besonders hübsch an und poste ein Foto davon auf Instagram mit den Hashtags:

#GUTENMORGENWELT
#SPRINGINEINEPFÜTZE

16.3.

Wofür sparst du gerade und wie weit bist du schon mit deinem aktuellen SPARPLAN?

17.3.

Worin bist du besser? KREISE EIN!

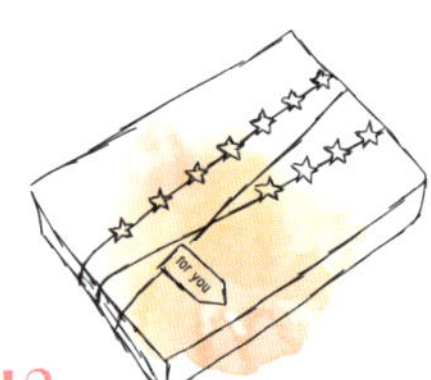

Im Geschenke-MACHEN oder -BEKOMMEN?

Komplimente-MACHEN oder -BEKOMMEN?

Eine Überraschung MACHEN oder überrascht WERDEN?

18.3.

Mache diese Seite zur schönsten

IM GANZEN BUCH.

19.3.

Magst du Einhörner auch so sehr?
Dann wirst du dieses **EINHORN-DIY** lieben!

1 Blase einen Ballon auf.

2 Schneide jetzt kleine Öhrchen aus Buntpapier aus und klebe sie mithilfe von umgeknickten Laschen am Ballon fest.

3 Forme aus dem gleichen Papier einen Trichter – und fertig ist das Horn. Klebe es in die Mitte der beiden Ohren.

4 Male jetzt mit einem permanenten Stift Augen auf den Ballon und klebe rosa Bäckchen aus Papier auf.

5 VERZIEREN! Glitzer, Kunstblumen, Konfetti oder Sprühfarbe – tob dich aus!

100 weitere Einhorn-Sachen findest du in diesem Video:

20.3.

Zeichne die Route deiner

TRAUM-WELTREISE ein!

Womit bewegst du dich fort?

21.3.

Diese Tipps helfen zu 99,9 %, in Frühlingsstimmung zu kommen:

- Ändere deinen Handy-Hintergrund. Wie wäre es mit einem schönen Foto von Tulpen oder blühenden Bäumen?
- Lege deine Kleidung in Pastellfarben in deinem Kleiderschrank nach oben.
- Pflücke Blumen und binde sie zu einem Strauß – **DIE SCHÖNSTE DEKO DER WELT!**

22.3.

Versuche, folgende Formen mit geschlossenen Augen zu zeichnen – **KREIS, DREIECK & SECHSECK.** Zu einfach? Dann male sie auch noch blind aus!

23.3.

Was sammelst du?

Seit wann?

Wie viel hast du schon?

Was brauchst du noch?

24.3.

Überlege dir mit deinen Freunden einen coolen **HANDSCHLAG** zur Begrüßung.

25.3.

Was sind für dich die allergrößten **NO-GOS** in Sachen Freundschaft?

26.3.

WIE OFT PRO MONAT ...

... räumst du dein Zimmer auf?

... nimmst du ein Bad?

... legst du eine Gesichtsmaske auf?

27.3.

DIY-SCHOKOBONS

1 Schmelze 100 g weiße Schokolade in einem Wasserbad.

2 50 g gehackte Mandeln und 2 El gemahlene Mandeln zur Schokolade mischen und anschließend kühl stellen.

3 Schmelze jetzt auch noch Vollmilchschokolade im Wasserbad.

4 Forme aus der weißen Schoki kleine Bällchen und überziehe diese dann mit der flüssigen Vollmilchschokolade.

5 Die überzogenen Schokobällchen abkühlen lassen – und schon kannst du die selbstgemachten Schokobons vernaschen!

28.3.

Platz für deine **DANKSAGUNG**, falls du mal einen **OSCAR** oder den **NOBELPREIS** verliehen bekommst …

29.3.

Hier ist Platz für eine PRO & CONTRA LISTE:
Urlaub am MEER oder Urlaub in der STADT?

MEER

STADT

30.3.

Erfinde einen neuen **TREND**.

Ganz egal, was!

31.3.

PSST! Morgen ist der 1. April.
Viel Spaß mit diesen
MINI-PRANKS.

Lege 1 oder 2 gefüllte Wasserbomben auf eine leicht geöffnete Tür. Und der Nächste, der den Raum betritt, wird garantiert nass! :D

Fülle etwas Wasser in eine Tasse. Lege eine Karte auf die Tassenöffnung, sodass diese komplett bedeckt ist. Drehe die Tasse dann schnell um und stelle sie so zurück in den Schrank. Ziehe jetzt die Karte wieder heraus. Falls etwas Flüssigkeit ausläuft, wische sie einfach weg – und der Prank ist vorbereitet! Derjenige, der sich diese Tasse zum Frühstück nimmt, muss erst mal eine Runde aufwischen :D Fies, oder?

1.4.

APRIL: Was steht diesen Monat bei dir an?

1 ________
2 ________
3 ________
4 ________
5 ________
6 ________
7 ________
8 ________
9 ________
10 ________
11 ________
12 ________
13 ________
14 ________
15 ________
16 ________
17 ________
18 ________
19 ________
20 ________
21 ________
22 ________
23 ________
24 ________
25 ________
26 ________
27 ________
28 ________
29 ________
30 ________

2.4.

Klebe die letzte

QUITTUNG,

die du bekommen hast,

auf diese Seite.

3.4.

Führe dieses **STIMMUNGSBAROMETER** eine Woche lang.

1 = extrem schlechte Stimmung

10 = übertrieben gute Stimmung

4.4.

Poste ein lustiges Foto aus dem letzten April.

#CRAZYME

#SPRINGINEINEPFÜTZE

5.4.

Endlich kommt der Frühling wieder!!
Beklebe die BAUMKRONE mit
bunten BLÜTEN.

6.4.

Hier ist Platz für einen **NOTFALLWITZ**!

(Wenn die Stimmung mal am Tiefpunkt ist.)

7.4.

Wenn du **NUR NOCH EIN PRODUKT** verwenden dürftest, ...

welche Handcreme wäre es? _________________

Und welches Shampoo? _________________

Wie sieht es beim Duschgel aus? _________________

Und Zahnpasta? _________________

8.4.

Zeichne in dieses Aquarium eine **UNTER-WASSER-LAND-SCHAFT.**

9.4.

Mache heute etwas, das dich

DEINEM TRAUM

ein bisschen näherbringt.

Du kannst alles schaffen!

10.4.

FROZEN YOGURT BITES

Dieser Mini-Snack schmeckt soooo lecker!

1 Picke Blaubeeren mit Zahnstochern auf und tauche sie dann in Joghurt – je nachdem, auf welche Geschmacksrichtung du Lust hast. Wir lieben Vanillejoghurt.

2 Tu die Spieße auf einen mit Backpapier ausgelegten Teller und friere das Ganze für 3 Std. ein.

11.4.

GLAUBST DU AN …

… GOTT?

… GEISTER?

… FREITAG, DEN 13.?

12.4.

Schreibe die **SCHÖNSTE ERINNERUNG** aus deinem letzten Urlaub auf, als wäre sie Teil eines Romans.

13.4.

JETZT GERADE

Worauf sitzt du?

Was hast du als letztes gegessen?

Womit schreibst du?

14.4.

Das perfekte **SMARTPHONE**:

Was kann es alles?

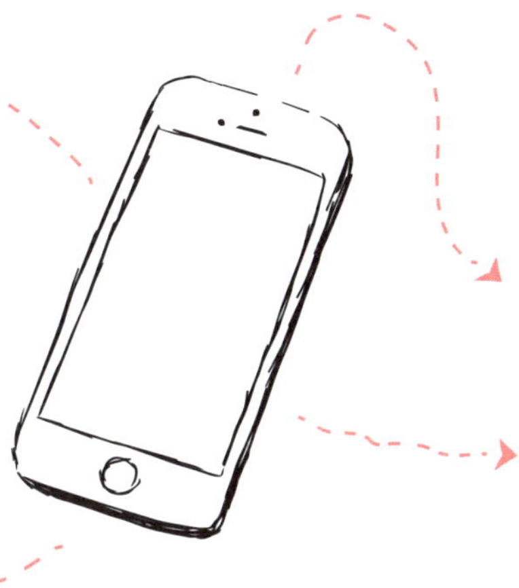

15.4.

Welches **EMOJI** kommt deiner jetzigen Stimmung am nächsten?

16.4.

EINFACH EIN PAAR UNNÖTIGE FAKTEN:

- Ein Mensch lacht am Tag durchschnittlich 15-mal.
- Die meisten Überfälle passieren dienstags.
- Melonen gehören zur Gattung der Beeren.

17.4.

Male die absoluten

DESIGNER-OSTEREIER.

Ein Stück kostet ...?

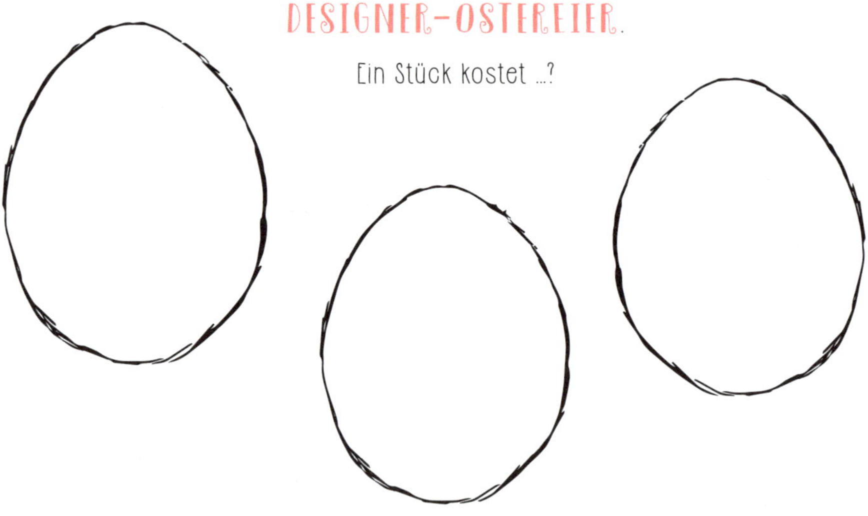

18.4.

Jetzt mal ehrlich:

Welche Dinge **MÜSSEN** immer **IN DEINER TASCHE** sein?

19.4.

Erfinde ein **COMPUTERSPIEL!**

Worum geht's? Welche Figuren gibt's? Was ist das Ziel?

LET'S PLAY!

20.4.

VORURTEILE …

Nicht immer entsprechen sie der Wahrheit.

Kannst du dich an eine Situation erinnern, in der du dich getäuscht hast?

Im Herzen sind wir alle gleich ♥

21.4.

Lust auf coole neue **FRÜHSTÜCKSIDEEN?**

Versuche doch mal, deine Pfannkuchen herzhaft zu füllen: mit Frischkäse bestreichen und dann Paprika, Salat, Käse und Schinken drauflegen.

Hast du schon mal Porridge gegessen? Mit Äpfeln, Blaubeeren und Honig ist das unglaublich lecker!

Rührei mit frischem Gemüse, Zwiebeln und Käse ist eine gute Idee. Eine Scheibe knuspriges Brot dazu und es ist ein perfektes Sonntagsfrühstück! Oder an welchem Tag auch immer du es essen magst.

22.4.

WIE WAR DEIN TAG?

Ganz okay ◯ Total schön ◯ Echt witzig ◯ Eher doof ◯

Verging total schnell ◯ Verging viel zu langsam ◯

Musste früh aufstehen ◯ Konnte zum Glück ausschlafen ◯

23.4.

Man kann nicht früh genug anfangen zu planen –
deine TRAUMHOCHZEIT, wie soll sie werden?

Kleid, Location, Deko – und wer darf nicht fehlen?

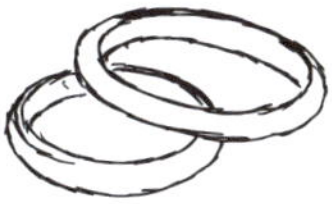

24.4.

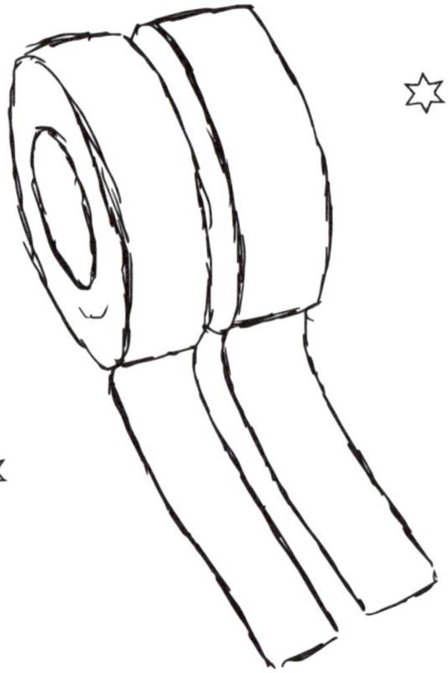

Du bist der Designer für diese **WASHI TAPES**.

25.4.

Lasse jemanden eine **GEHEIME BOTSCHAFT** in dieses Buch schreiben. Irgendwann wirst du sie finden und entschlüsseln.

26.4.

SCHÄTZ MAL!

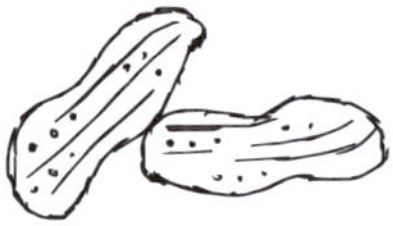

Wie viele Kalorien hat Erdnussbutter?

Wie viel wiegt ein Chihuahua?

Wie viele verschiedene Teesorten hast du zu Hause?

27.4.

FINDEST DU ALLE 3 FEHLER?

28.4.

Heute ist ein besonderer Tag! Pflanze einen Kern ein und lass ihn wachsen. Mehr als Wasser und Sonne braucht das **PFLÄNZCHEN** nicht. Sarina hat schon Sonnenblumen, Karotten, Schnittlauch und eine Einhorn-Pflanze angebaut.

29.4.

Trage alle mintfarbenen Dinge zusammen, die du finden kannst, fotografiere sie aus der Vogelperspektive und poste sie auf Instagram. **#FLATLAY #MINT**

30.4.

Wann hast du Geburtstag? Dekoriere die Seite von deinem Ehrentag total verrückt. **NA LOS, WORAUF WARTEST DU?**

1.5.

MAI: Was steht diesen Monat bei dir an?

1 ……… 12 ……… 23 ………
2 ……… 13 ……… 24 ………
3 ……… 14 ……… 25 ………
4 ……… 15 ……… 26 ………
5 ……… 16 ……… 27 ………
6 ……… 17 ……… 28 ………
7 ……… 18 ……… 29 ………
8 ……… 19 ……… 30 ………
9 ……… 20 ……… 31 ………
10 ……… 21 ………
11 ……… 22 ………

2.5. Was willst du am **ENDE DES REGENBOGENS** finden?

3.5. Besuch doch mal wieder einen **ORT**, den du mit einem schönen **ERLEBNIS** aus deiner **KINDHEIT** verbindest.

4.5. Beginne heute, ein **ROMANTISCHES BUCH** zu lesen. Viki liest gerade **BEAUTIFUL DISASTER**.

5.5.

Hier ist **PLATZ ZUM SAMMELN!**

Und zwar von Zettelchen aus allen **GLÜCKSKEKSEN**, die du je bekommen hast und noch bekommst.

6.5.

Welches **STERNZEICHEN** bist du?
Recherchiere doch mal, ob seine
Eigenschaften auf dich zutreffen.

7.5.

Bastle ein **LESEZEICHEN** für dieses Buch
oder klebe ein **LESEBÄNDCHEN** ein.
So weißt du immer sofort, welche Seite
du als letzte gestaltet hast.

8.5.

Schreibe deinen NAMEN in 3 schönen SCHRIFTARTEN.

WANN HAST DU DAS LETZTE MAL ...

9.5.

Ein Eis gegessen?

Ein Tier gestreichelt?

Ein Buch gelesen?

Einen Lachkrampf gehabt?

Ein Bad genommen?

10.5.

Versieh diese Seite mit **FINGERABDRÜCKEN**.

11.5.

Zieh heute ein **KLEIDUNGSSTÜCK** an, das du schon ewig nicht mehr getragen hast, und entscheide dann, ob du es behalten möchtest.

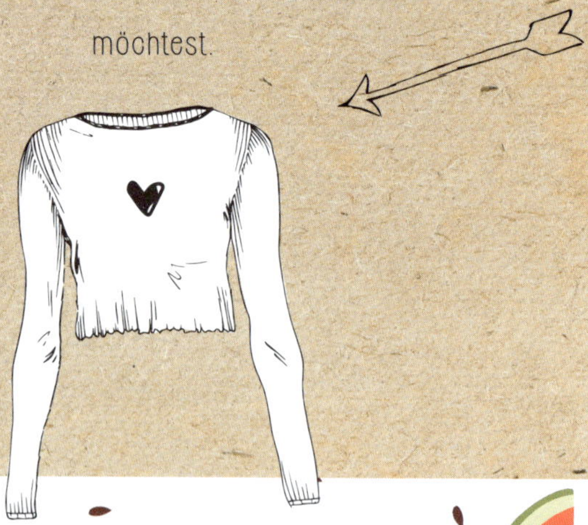

12.5.

WAS HAST DU LETZTE NACHT GETRÄUMT?

Versuche, den Traum zu deuten, indem du das Internet zurate ziehst.

TIPP:

Google einfach mal nach **TRAUMDEUTUNG**.
So findest du **ONLINELEXIKA ZUR TRAUMDEUTUNG**.
Hier kannst du Stichworte aus deinem Traum eingeben und bekommst eine Erklärung.

13.5.

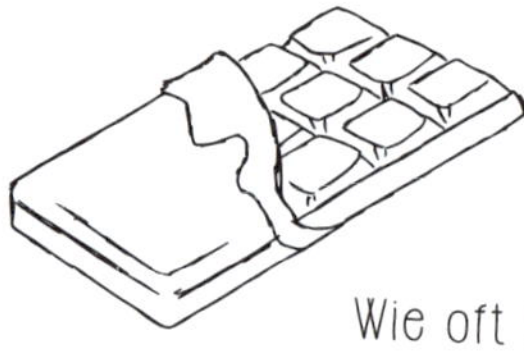

Wie oft kommt das Wort **SCHOKOLADE** im gesamten Buch vor?

14.5.

Probier heute, besonders viel **OBST UND GEMÜSE** zu essen.
Wie viel hast du geschafft?

15.5. ENTWEDER ... ODER?

INSTAGRAM oder SNAPCHAT

MEHR oder WENIGER

SCHUBLADEN oder REGALE

SPRACHNACHRICHT oder SMS TIPPEN

SAMSTAG oder SONNTAG

16.5.

Pack ein Gefühl in dieses **EINMACHGLAS**, das du dir unbedingt bewahren möchtest.

17.5.

Schreibe eine FILMKRITIK über das letzte YOUTUBE-VIDEO, das du gesehen hast. Sei ruhig streng ;)

18.5.

Poste ein FOTO, auf dem du dein »SPRING IN EINE PFÜTZE«-Buch cool in Szene setzt. Vergiss den Hashtag #SPRINGINEINEPFÜTZE nicht.

19.5.

Wie sieht der **MOND** heute Nacht aus?

Skizziere ihn.

20.5.

DU ENTSCHEIDEST!

Was sollte es in Wirklichkeit geben?

Ja **EINHÖRNER** Nein

Ja **VAMPIRE** Nein

Ja **MEERJUNGFRAUEN** Nein

Ja **DRACHEN** Nein

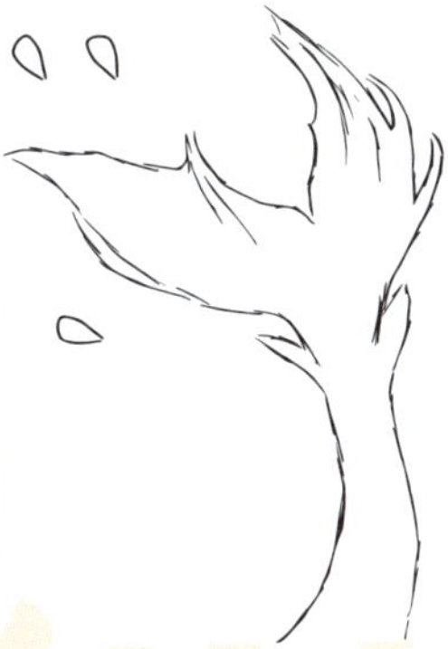

21.5.

Es müssen ja nicht immer Chips sein, **GEMÜSE-STICKS** mit verschiedenen **DIPS** können auch echt lecker sein!

KLASSISCHER JOGHURT-DIP

Joghurt und Sauerrahm zu gleichen Teilen in einer Schale gut verrühren, anschließend nach Belieben Schnittlauch hinzufügen und mit Kräutersalz würzen. Wenn du es ein bisschen schärfer magst, mische noch etwas Chili- oder Knoblauchpulver dazu.

AVOCADO-DIP

Eine reife Avocado halbieren, das Fruchtfleisch aus der Schale löffeln und mit einer Gabel zerdrücken. Dann den Saft einer halben Zitrone und 1 EL Crème fraîche unterrühren, den Dip mit etwas Salz und Pfeffer würzen.

GUTEN APPETIT!

22.5.

Kennst du die **WIKIPEDIA-CHALLENGE** schon? Rufe irgendeine Wikipedia-Seite auf und klicke dich jetzt von Link zu Link, bis du zur Seite über **PARIS** kommst.

Wie viele Klicks brauchst du?

23.5.

Auf diesen **STICKY NOTES** ist jede Menge Platz für Notizen.

24.5.

Zeichne dem Mädchen einen

BLUMENKRANZ

ins Haar.

25.5.

Manchmal sind es die scheinbar **UNBEDEUTENDEN DINGE**, die wir niemals vergessen. Fällt dir ein passendes Beispiel ein?

26.5.

Probier diese **ESSENSKOMBINATIONEN** aus: Du wirst überrascht sein, wie lecker sie sind.

Käse mit Marmelade

TIPP: Feigenmarmelade ist oberlecker.

Apfel mit Erdnussbutter

Pommes in einen Milchshake dippen

Viki liebt süßen Senf mit Käse und Gewürzgurken über alles!!

27.5.

ZIEH DIESE 2 FIGUREN AN!

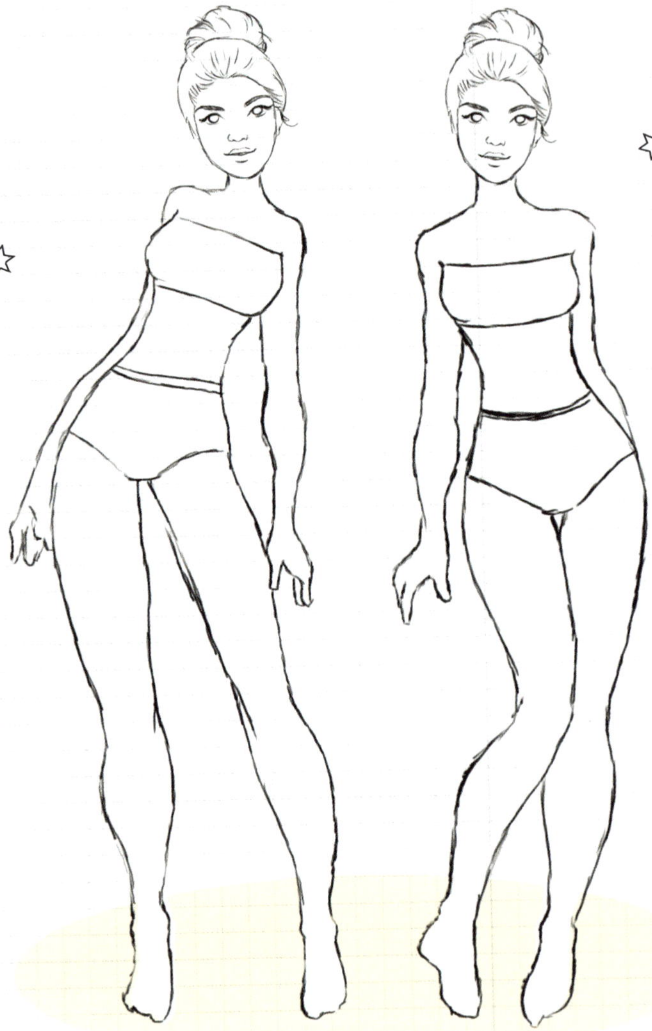

28.5.

Wann hast du das letzte Mal GEWEINT?
Bist du jetzt wieder glücklich?

29.5.

MOTIVIERE
HEUTE
EINE PERSON.

SELENA GOMEZ

30.5.

SUPERMAN

Spiele die »WER-BIN-ICH«-Challenge.

Dafür brauchst du nur mindestens einen Spielpartner, 2 Stifte und Sticky Notes. Los geht's. Denkt euch füreinander jeweils eine bekannte Persönlichkeit oder Comicfigur aus und schreibt diese verdeckt auf einen Klebezettel.

Klebt euch diesen gegenseitig auf die Stirn. Auf die Plätze, fertig – und jetzt losraten! Es dürfen übrigens nur Fragen gestellt werden, die mit JA oder NEIN beantwortet werden können. Wie beispielsweise: »Bin ich ein Mann?«, »Bin ich unter 20 Jahre alt?«

31.5.

FINDEST DU ZUR MITTE?

1.6.

JUNI: Was steht diesen Monat bei dir an?

1 ....
2 ....
3 ....
4 ....
5 ....
6 ....
7 ....
8 ....
9 ....
10 ....
11 ....
12 ....
13 ....
14 ....
15 ....
16 ....
17 ....
18 ....
19 ....
20 ....
21 ....
22 ....
23 ....
24 ....
25 ....
26 ....
27 ....
28 ....
29 ....
30 ....

2.6.

SOMMER-HACKS

♥ Gegen **SONNENBRAND** hilft eine Joghurt-Gurken-Maske. Je nach gewünschter Menge etwas Gurke zerkleinern, mit ein paar Löffeln Naturjoghurt vermischen und großzügig auf die schmerzende Stelle auftragen. Das tut gut :)

♥ In einen aufblasbaren **MINI-SWIMMINGPOOL** muss nicht unbedingt Wasser hinein. Fülle ihn mit vielen Kissen und Decken. Tadaaaa – die perfekte Outdoor-Lounge.

♥ Um Wespen von deinem **GETRÄNK** fernzuhalten, drehe ein Muffinförmchen um, decke damit die Öffnung deines Glases ab und stich einen Strohhalm hindurch. Und schon ist dein Drink sicher.

3.6.

Was darf auf deiner **PIZZA** niemals fehlen?

4.6.

Brauchst du Motivation? Diese Sprüche motivieren dich garantiert!

ENTWEDER DU FINDEST EINEN WEG
ODER DU MACHST DIR EINEN.

ES IST IMMER ZU FRÜH,
UM AUFZUGEBEN.

ALLES IST SCHWIERIG,
BEVOR ES EINFACH WIRD.

Platz für einen weiteren

5.6.

Hast du schon mal beim Hashtag

#SPRINGINEINEPFÜTZE

vorbeigeschaut? Nein?!

Dann schnell, schnell!!

#LIKEFORLIKE

6.6.

An JEDEM Tag lernt oder erfährt man etwas Neues.

Was hast du heute gelernt?

Egal, wie unbedeutend es erscheinen mag.

7.6.

SCHÄTZE DICH SELBST EIN.

GESELLIG 1 2 3 4 5 6 7 8 9 10

SPORTLICH 1 2 3 4 5 6 7 8 9 10

ZURÜCKHALTEND 1 2 3 4 5 6 7 8 9 10

FRÖHLICH 1 2 3 4 5 6 7 8 9 10

8.6.

Welcher **ZUNGENBRECHER** ist der schwierigste ever?

9.6.

DEINE RANGLISTE –

welchen Platz vergibst du
für welchen Softdrink?

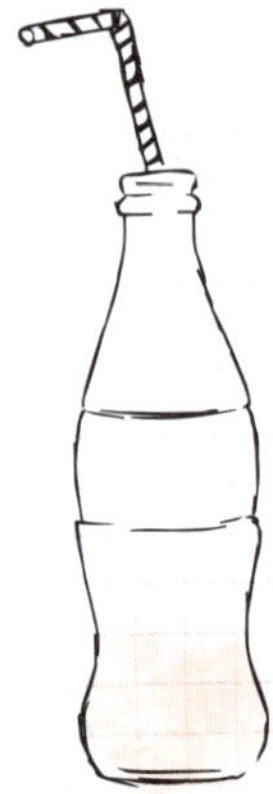

COLA – FANTA – SPRITE

10.6.

Welche 2 TIERE würdest du gerne miteinander KREUZEN und welche FÄHIGKEITEN würde das neu geschaffene Wesen haben?

11.6.

Beantworte diese Fragen nur mit
JA, NEIN oder ETWAS

Hast du einen guten Orientierungssinn? JA – NEIN – ETWAS

Magst du Gemüse? JA – NEIN – ETWAS

Glaubst du an Übernatürliches? JA – NEIN – ETWAS

12.6.

GESTALTE DIESES SCHAUFENSTER.

Alles ist erlaubt!

13.6.

Lass hier **2 MENSCHEN** eine kurze Botschaft an dich schreiben.

14.6.

Stelle dir eine Playlist für den Sommer zusammen.

MUSIC: ON. LIFE: OFF.

15.6.

Wie sahen deine **ELTERN** aus, als sie in deinem Alter waren? Klebe jeweils ein **ALTES FOTO** von ihnen ein.

Psst: Aber frag vorher unbedingt nach, ob du das darfst. Falls nicht, kopiere das Foto einfach!

16.6.

Versuche, heute besonders oft **ZU LÄCHELN**. Das erfreut nicht nur deine Mitmenschen, sondern macht auch dich selbst glücklicher :)

17.6.

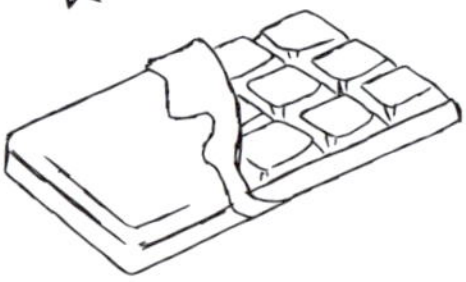

3 Dinge, die du mit SCHOKOLADE machen kannst:

SCHOKO-FRUCHT-SPIEßE

Schokolade schmelzen und Fruchtspieße damit überziehen. Zum Beispiel einen Erdbeerspieß oder eine halbe Banane, wie du sie auf dem Jahrmarkt bekommst. Manchmal denkt man nicht dran, aber das kann man ganz einfach zu Hause nachmachen.

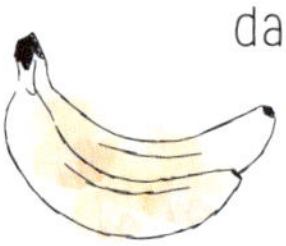

SCHOKO-CROSSIES

Schokolade schmelzen und dann mit Cornflakes vermischen. Verteile davon kleine Häufchen auf Backpapier und lass sie trocknen. Am besten sofort vernaschen, damit sie schön knusprig sind!

TRENDIGE MARMORSCHOKOLADE

Hierfür weiße und dunkle Schokolade getrennt voneinander im Wasserbad schmelzen. Gieße die dunkle Schoki auf ein mit Backpapier ausgelegtes Backblech. Solange die Schokolade noch flüssig ist, kannst du mit der weißen Schokolade Muster in die dunkle zeichnen und tropfen. Das macht total viel Spaß :)

18.6.

Schreibe einen **BRIEF** an dich selbst **VOR 4 JAHREN**.

Hast du irgendwelche Tipps und Ratschläge für dich?

19.6.

GUTE NACHT!

Wie sieht die **BETTWÄSCHE** aus, in der du zu 100 % nur süße Träume hättest?

Noch mehr **FRAGEN**, auf die es **KEINE ANTWORTEN** gibt!

20.6.

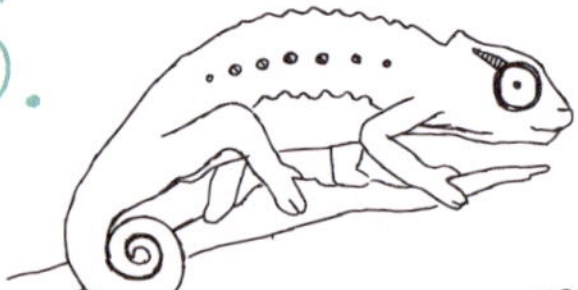

Kann man Wasser verdünnen?

Wie färbt sich ein Chamäleon auf einem Spiegel?

Was bedeutet eigentlich »eigentlich«?

21.6.

Hast du schon mal YOGA ausprobiert? Wenn nicht, dann ist heute der perfekte Tag dafür – am WELT-YOGA-TAG.

Beginne mit diesen beiden Übungen!

22.6.

Welche TRICKS kann dein Haustier?

PFÖTCHEN GEBEN

IM KREIS DREHEN

TOT STELLEN

TANZEN

SITZ

23.6.

Zeit für **VERÄNDERUNGEN!**

Beziehe deine Kissen neu, lege den Teppich an einen anderen Ort, probier einen neuen Raumduft aus oder tausche deine Bilder aus.

»ALLES GLÄNZT SO SCHÖN NEU!«

24.6.

Male ein Bild mit **NAGELLACK**.

25.6.

Jetzt bist du dran!

Erfinde 3 SPRÜCHE, die in GLÜCKSKEKSEN verpackt werden können.

26.6.

Es ist schon fast ein ganzes halbes Jahr vorbei.

UNGLAUBLICH, ODER?! :O

Was war in den jeweiligen Monaten für dich am wichtigsten?

Januar ______________________________

Februar ______________________________

März ______________________________

April ______________________________

Mai ______________________________

Juni ______________________________

27.6.

Wenn du einen Film machen würdest, wie würde das **FILMPLAKAT** aussehen?

28.6.

Hast du darüber schon mal **NACHGEDACHT?**

Wäre die Welt besser **OHNE** Geld?

OHNE Grenzen?

OHNE Salat?

OHNE Unwetter?

29.6.

Überlege dir **3 NOTFALL-OUTFITS** für Tage, an denen dir kein Outfit einfällt. Mache davon am besten ein Foto!

30.6.

JETZT BIST DU DRAN!

Erfinde eine Aufgabe für heute.

1.7.

JULI: Was steht diesen Monat bei dir an?

1 ________

2 ________

3 ________

4 ________

5 ________

6 ________

7 ________

8 ________

9 ________

10 ________

11 ________

12 ________

13 ________

14 ________

15 ________

16 ________

17 ________

18 ________

19 ________

20 ________

21 ________

22 ________

23 ________

24 ________

25 ________

26 ________

27 ________

28 ________

29 ________

30 ________

31 ________

2.7.

Welcher war der

TRAURIGSTE/LUSTIGSTE/GRUSELIGSTE

Film, den du je gesehen hast?

3.7.

Lass diese Seite die **BUNTESTE** ever werden!

4.7.

#SUMMERVIBES – poste etwas, um deine Follower in Sommerstimmung zu bringen.

5.7.

AHOI! Wie würdest du dein Schiff taufen?

6.7.

ESSEN soll nicht nur schmecken, sondern auch HÜBSCH AUSSEHEN. Vor allem wenn du es vielleicht auf INSTAGRAM posten willst.

Verwende BESONDERE SCHALEN, um das Essen anzurichten. Zum Beispiel eine leere Kokosnussschale für ein Dessert oder einen ausgehöhlten Brotlaib für Suppe.

Der einfachste Hack ever! Lege eine große Form zum PLÄTZCHEN-AUSSTECHEN in die Pfanne und schlage dein Spiegelei dort hinein. Das Ergebnis wird dich umhauen.

BUNTER REIS ist ein richtiger Hingucker! Dafür musst du lediglich den Reis nach dem Kochen in 3 Schalen aufteilen und in verschiedenen Farben einfärben. Entweder mit Lebensmittelfarbe oder mit natürlichen Farben, wie Rote-Beete-Saft oder Spinatsaft. Vermische nun alle Reiskörner wieder miteinander und der Regenbogen-Reis ist fertig.

7.7.

Was hast du dich schon immer gefragt?
Jetzt ist der perfekte Zeitpunkt, um
danach zu **GOOGELN**.

Wir haben uns schon immer gefragt,
WIE VIELE STERNE es insgesamt
am Himmel gibt.

8.7.

SHOOTING TIME!!

Besorge dir einen oder mehrere
HELIUM-LUFTBALLONS und knipse
zusammen mit deiner **BFF** coole Fotos.

TIPP:

Wenn du keine Heliumballons bekommst,
klebe einen Luftballon mit einem dünnen
Faden an die Decke.

9.7.

Für manche ist das Glas **HALB VOLL** und für andere **HALB LEER**.

Wie voll ist dein Glas heute?

10.7.

Sortiere deinen **KLEIDERSCHRANK** nach **FARBEN**.

Du wirst überrascht sein, was für einen Unterschied das macht!

117.

Versuche, das **BUCHCOVER** abzuzeichnen.

Das könnte schwierig werden ...

12.7.

Es ist mal wieder Zeit zum Aufräumen!
Aber nicht dein Zimmer, sondern deine
GELD- UND HANDTASCHE.
Vielleicht findest du ja ein paar Schätze,
die du schon lange vermisst.

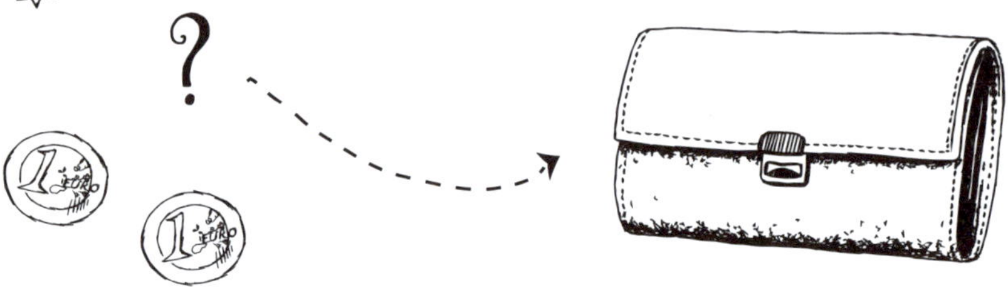

13.7.

HIER FÜR DICH!
Dein persönlicher Backstage-Pass.
Wo willst du damit reinkommen?

14.7.

Hast du gerade FERIEN? ____________________

Wie oft bist du schon GEFLOGEN? ____________________

Wie lang war deine längste AUTOFAHRT? ____________________

Welcher SNACK darf auf Reisen niemals fehlen?

____

15.7.

Heute ist der perfekte Tag für ein TAUSCHPAKET mit deiner BFF.

Das ist megalustig!

Vereinbart ein Budget, für das ihr euch gegenseitig etwas kauft, oder tauscht Dinge aus, die ihr nicht mehr braucht.

16.7.

Erstelle eine Playlist auf **YOUTUBE** mit all deinen **LIEBLINGSVIDEOS!** Diese kannst du dir ansehen, wenn du Langeweile hast oder es dir mal nicht so gut geht.

17.7.

POOLPARTY!!

Welche aufblasbaren Wasserspielzeuge
müssen auf jeden Fall dabei sein?

18.7.

Schlafe heute mal mit dem Kopf AUF DER ANDEREN SEITE des Betts. So eine kleine Abwechslung kann Wunder bewirken und man schläft gleich viel besser.

19.7.

Schaffst du es, in SPIEGELSCHRIFT zu schreiben?
Probier es mit diesem Satz aus:

»IN 165 TAGEN IST SILVESTER! YAY«

20.7.

Welche sind deine 4 meist benutzten APPS? Zeichne ihre ICONS hier ein!

21.7.

An JEDEM Tag passiert mindestens eine gute Sache. Oft konzentriert man sich nur zu stark auf die negativen Dinge.

Versuche, in den nächsten 2 Tagen alles Positive aufzuschreiben.

22.7.

Gestalte diese
3 GESICHTER.
Egal, ob hässlich
oder hübsch – alles
ist erlaubt!

23.7.

DIY DAY

Bastle etwas, was du schon immer mal machen wolltest. Falls du keine Idee hast, schau mal hier:

24.7.

KANNST DU DICH ERINNERN?

Was steht in deiner letzten verschickten Nachricht? ______________

Und was zeigt dein letztes Handyfoto? ______________

Jetzt ist Zeit zum Kontrollieren. Na, hattest du recht?

25.7.

Versuche, heute alle **STUFEN** mitzuzählen, die du gehst. Und wie viele waren es?

26.7.

Was sind deine

LIEBLINGS-EISSORTEN?

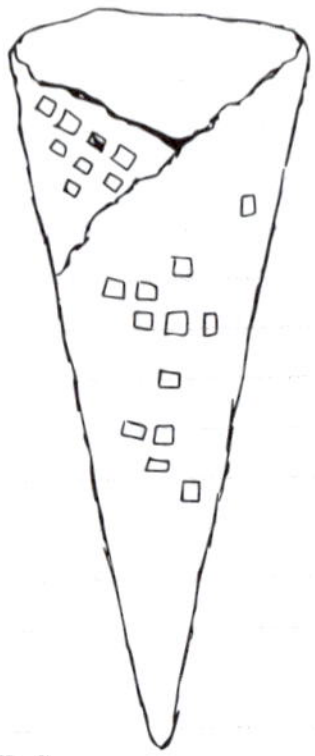

27.7.

TIME CHECK

Zu welcher Uhrzeit bist du heute ...

... aufgestanden? ______________

... aus dem Haus gegangen? ______________

... mit dem Mittagessen fertig gewesen? ______________

... nach Hause gekommen? ______________

... unter die Dusche geschlüpft? ______________

... bettfertig gewesen? ______________

28.7.

Hast du auch so viele **ANGEBROCHENE PRODUKTE?** Nimm dir vor, diese in nächster Zeit aufzubrauchen. Das wirkt befreiend und man kann dann mit gutem Gewissen wieder neue Produkte kaufen und benutzen.

29.7.

Klebe eine **KARTE VON DEINER STADT** auf und zeichne deine häufigsten Wege ein. Von oben sieht alles noch mal ganz anders aus, oder?

30.7.

TAG DER FREUNDSCHAFT –
schreibe deiner **BFF** einen **BRIEF**.

Das ist vielleicht etwas ungewöhnlich, aber umso schöner :)

31.7.

Heute wird geröstet! **UND ZWAR MARSHMALLOWS!** Entweder am Spieß über einem Feuer oder aber über einer Kerze.

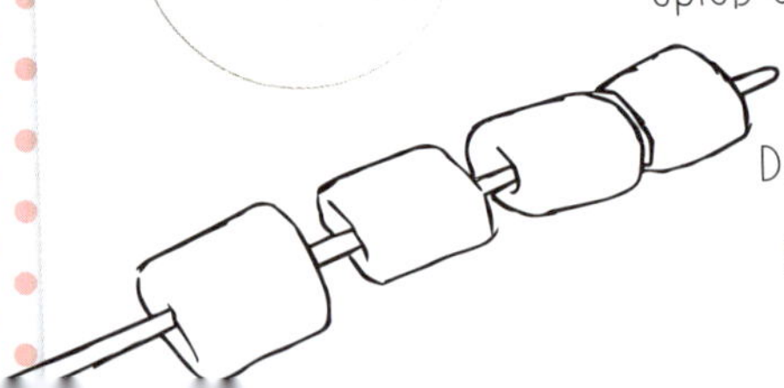

Das ist einfach und das Ergebnis megalecker!

1.8.

AUGUST: Was steht diesen Monat bei dir an?

1 ________
2 ________
3 ________
4 ________
5 ________
6 ________
7 ________
8 ________
9 ________
10 ________
11 ________
12 ________
13 ________
14 ________
15 ________
16 ________
17 ________
18 ________
19 ________
20 ________
21 ________
22 ________
23 ________
24 ________
25 ________
26 ________
27 ________
28 ________
29 ________
30 ________
31 ________

2.8.

HOROSKOP – was steht heute in deinem? Hat die Vorhersage gestimmt?

3.8.

Was würdest du dir in den folgenden STÄDTEN auf jeden Fall ANSEHEN?

PARIS

LOS ANGELES

WIEN

BARCELONA

4.8.

Gestalte dieses
ZEITSCHRIFTENCOVER.

JETZT GERADE

5.8.

Wie ist das Wetter?

Was liegt dir auf dem Herzen?

Welche Farbe hat dein Oberteil?

6.8.

Mit diesen **3 TIPPS** tust du der Umwelt etwas Gutes.

PROBIERE SIE DOCH MAL AUS :)

Iss hauptsächlich Obst und Gemüse, das aktuell in der Region wächst. Der weite Transport mit Flugzeugen und Lkws schadet der Umwelt sehr – und außerdem schmecken Erdbeeren im Sommer doch eh viel besser :)

Nimm zum Einkaufen einen eigenen Beutel mit und verzichte auf die Plastiktüten an der Kasse.

Achte darauf, immer das Licht auszuschalten, wenn du einen Raum verlässt.

7.8.

Time for **PHOTOBOOTH!**

Klebe lustige Grimassen-Fotos ein.

8.8.

Heute ist **WELTKATZENTAG!**

Hast du eine Katze?

Wenn ja: Versuche, ihr einen Trick beizubringen.

Das könnte schwierig werden :D

9.8.

WIE HOCH IST DEIN ...

Hungrigkeitslevel

Müdigkeitslevel

Glücklichkeitslevel

10.8.

Anstatt neue Schuhe zu kaufen, einfach mal alte Schuhe **PIMPEN**. Fädele neue Schuhbänder ein. Die meisten Turnschuhe kann man ganz einfach in die **WASCHMASCHINE** werfen und danach sehen sie wie neu aus.

Oder versuche doch mal, Schmutz ganz einfach **WEGZURADIEREN** – ja, mit einem stinknormalen Radiergummi.

Sandalen bekommen einen komplett neuen Look, wenn du Bommel aus Wolle oder Kunstpelz an die Riemchen klebst.

11.8.

Was siehst du, wenn du aus dem **FENSTER** schaust?

12.8.

AUF EINER SKALA VON 1 BIS 10: WIE SPORTLICH BIST DU?

Hier sind ein paar Tipps, wie du Sport in deinen Alltag einbauen kannst:

10
9
8
7
6
5
4
3
2
1

Nimm nur jede zweite Stufe.

Stehe während des Zähneputzens auf nur einem Bein.

Steige 1 oder 2 Stationen früher aus der Bahn aus und laufe den restlichen Weg.

13.8.

Heute ist **LINKSHÄNDERTAG!**
Vertausche Messer und Gabel beim Essen.
Das ist viel schwieriger, als man denkt.

14.8.

Was sind die größten **NO-GOS** in Sachen Schule?

15.8.

SCHMINKE DIESE SEITE.

Hört sich lustig an – aber wieso nicht :D

16.8.

DER PERFEKTE SALAT

Probier ihn doch auch mal aus!

1 Eine Mango und eine Avocado schälen und in Würfel schneiden.

2 Eine kleine rote Zwiebel in feine Ringe schneiden.

3 Nun das Ganze mit Rucola auf einem Teller anrichten.

4 Mische für das Dressing den Saft einer halben Orange und einer halben Limette mit Essig, Olivenöl, Chiliflocken, Salz und Pfeffer und gieße es über den Salat.

GUTEN APPETIT!

17.8.

Wenn du eine **ÜBERRASCHUNGS-PARTY** für deine **BFF** planen würdest ...

Welche Farben wären deine Favorites für die Deko?

Welches Essen gäbe es?

Wie sähe die Torte aus?

Wer stände auf der Gästeliste?

18.8.

Entwirf eine **POSTKARTE** von dem schönsten Ort, an dem du je warst.

19.8.

Sarinas Oma macht den besten Kakao <3

OMAS sind die besten! **BEDANKE** dich heute mal bei deiner.

20.8.

WÜRDEST DU FÜR 1.000 € ...

... in der Fußgängerzone ganz laut dein Lieblingslied singen? ____________

... deine komplette Kleidung verkaufen? ____________

... dir ein Piercing im Gesicht stechen lassen? ____________

21.8.

HENNA-STEINE-DIY

DIY

- Mach dich auf die Suche nach möglichst flachen Steinen.
- Fürs Bemalen benötigst du Acrylfarbe und einen dünnen Pinsel. Und los geht's – zeichne feine kleine Muster (Kreise, Tropfen, Wellenlinien, Zickzack etc.) auf die Steine. Wenn du Inspiration suchst, schau doch unter dem Hashtag #Henna nach.
- TIPP: Details kannst du auch mit einem permanenten Stift einzeichnen.
- Damit die Steine möglichst lange hübsch aussehen, kannst du zum Schluss noch eine Schicht Klarlack auftragen (entweder aus dem Bastelladen oder einen durchsichtigen Nagellack).

22.8.

IN NUR 3 SÄTZEN –

Wie war dein Tag heute?

23.8.

Platz für **LIEDZEILEN**, die dir viel bedeuten.

24.8.

DER PERFEKTE DONUT:

Welches Topping und welche Füllung muss er haben?

25.8.

KENNST DU DIESE MINI-HACKS SCHON?

Du kannst eine rohe Spaghetti als extralanges Streichholz verwenden. Einfach die Spaghetti anzünden. Damit kommst du bei jeder Kerze super easy an den Docht.

Weiße Sneakers kann man mit weißer Zahnpasta wieder zum Strahlen bringen. Erst die Schuhe mit einer nassen Bürste und einem Klecks Spülmittel reinigen und anschließend etwas Zahnpasta auf eine alte Zahnbürste auftragen und damit über die schmutzigen Stellen gehen.

Um dein Handy beim Backen vor Mehl, Zucker & Co. zu schützen, wickele es einfach in Frischhaltefolie ein. So kannst du immer noch den Touchscreen verwenden.

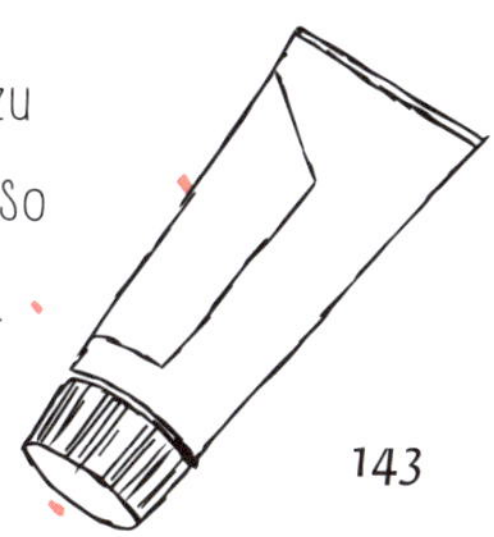

26.8.

Welche FARBEN müssen unbedingt in einer PERFEKTEN LIDSCHATTEN-PALETTE sein?

27.8.

Nimm so viele STIFTE in die Hand, wie du kannst, und schreibe den Namen deiner MAMA. Kann man ihn noch lesen? :D

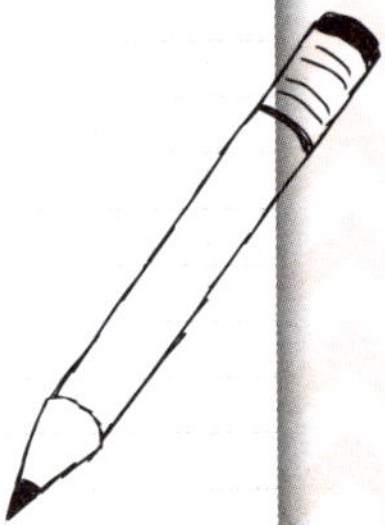

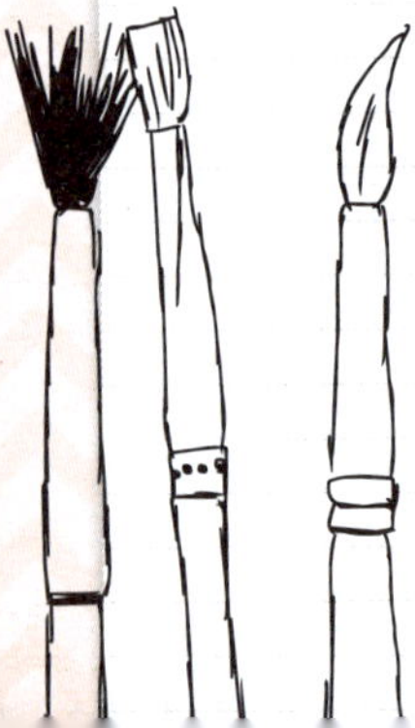

28.8.

WIE OFT PRO WOCHE ...

... isst du Schokolade? ________

... gehst du spazieren?

... verschläfst du? ________

____

ZZZZ ...

29.8.

Schreibe so viele **EINHORNNAMEN** auf, wie dir einfallen.

____

____

____

____

30.8.

Fotografiere dein **»SPRING IN EINE PFÜTZE«-BUCH** vor einer Sehenswürdigkeit und poste das Foto mit den Hashtags:

#ALLOVERTHEWORLD

#SPRINGINEINEPFÜTZE

Wir sind schon gespannt, wie weit das Buch rumkommt.

31.8.

LACKIERE die Fingernägel mit deinen Lieblingsnagellacken. Oder probier ein ausgefallenes Design aus.

Auf Instagram findest du unter #NAILTUTORIAL coole Anleitungen.

1.9.

SEPTEMBER: Was steht diesen Monat bei dir an?

1 ....
2 ....
3 ....
4 ....
5 ....
6 ....
7 ....
8 ....
9 ....
10 ....
11 ....
12 ....
13 ....
14 ....
15 ....
16 ....
17 ....
18 ....
19 ....
20 ....
21 ....
22 ....
23 ....
24 ....
25 ....
26 ....
27 ....
28 ....
29 ....
30 ....

2.9. ENTWEDER ... ODER?

TURNSCHUHE oder HIGH HEELS

DUSCHEN oder BADEN

ABENDESSEN oder FRÜHSTÜCK

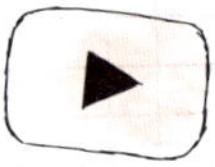

MARMELADE oder NUTELLA

NETFLIX oder YOUTUBE

3.9.

Schattiere diese SEIFENBLASE in den Farben deiner derzeitigen Stimmung.

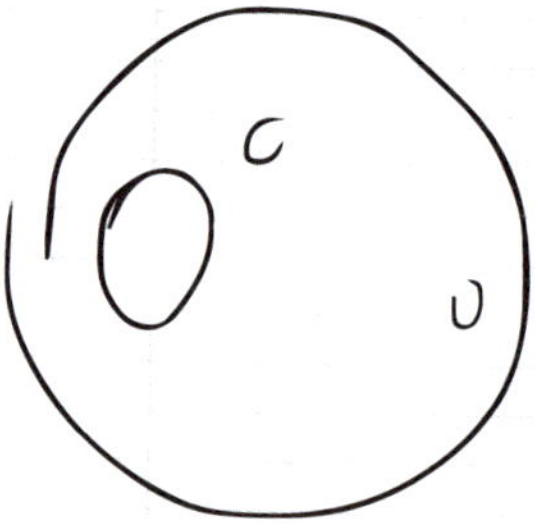

4.9.

Kannst du dich noch erinnern? Was war alles in deiner **SCHULTÜTE?**

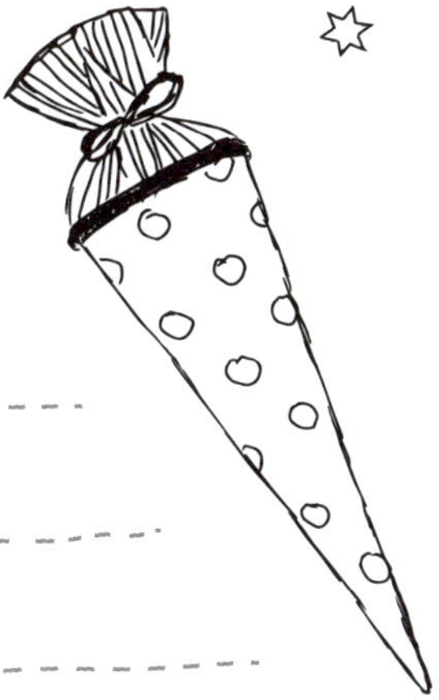

5.9.

Heute wird **ABGEDANCED!** Erfinde eine **CHOREOGRAFIE** zu deinem aktuellen Lieblingssong.

6.9.

MIT WELCHEM STAR WÜRDEST DU GERNE MAL …

… zu Abendessen essen?

… ins Kino gehen?

… eislaufen?

… zusammen kochen?

7.9.

Mach mit deiner **BFF** einen **DIY DAY!**
Das macht soooo viel Spaß!

Ihr könntet niedliche Figuren aus Fimo basteln (das ist Knete, die man im Ofen aushärten lässt). Oder ihr schaut euch Strick-Tutorials an und beginnt, einen dicken Schal für den Winter zu stricken :D

8.9.

Höre laut **MUSIK** und zeichne dazu. Dabei kann nur ein Meisterwerk entstehen.

9.9.

Sollten jemals **ALIENS** auf der Erde landen – notiere schon mal alle **FRAGEN**, die du an sie hast.

10.9.

Versuche, eine Woche lang auf etwas zu **VERZICHTEN**, um es danach wieder schätzen zu können.

11.9.

Verziere die ganze Seite mit **SEIFENBLASEN**.

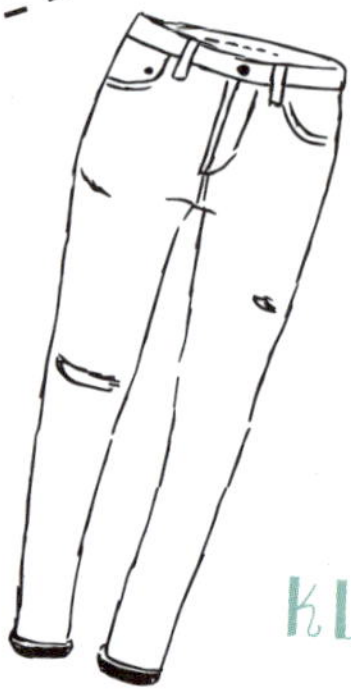

12.9.

KLEIDERSCHRANK-INVENTUR!

Wie viele Jeans hast du? ______________

Wie viele Kleider? ______________

Pullis? ______________

Sneaker? ______________

13.9.

FRISCHES OBST ist lecker und gesund. Mache dir heute entweder einen selbst gepressten **ORANGENSAFT** oder einen **SMOOTHIE** aus frischen Früchten und etwas Milch oder Joghurt.

14.9.

Wie sieht deine aktuelle Frisur aus?

SKIZZIERE SIE.

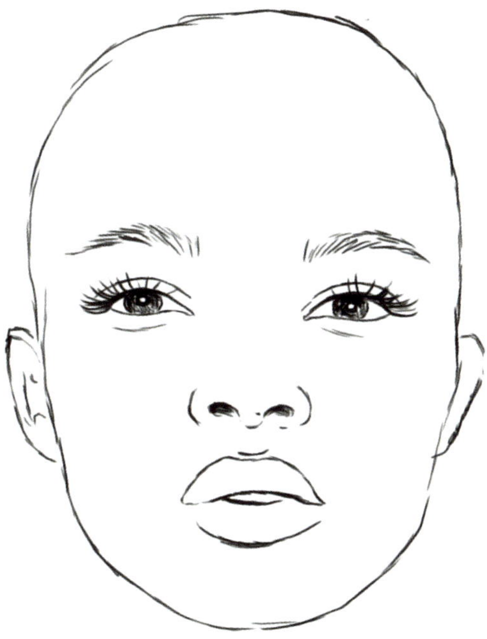

15.9.

Führe dieses

STIMMUNGSBAROMETER

eine Woche lang.

1 = extrem schlechte Stimmung

10 = übertrieben gute Stimmung

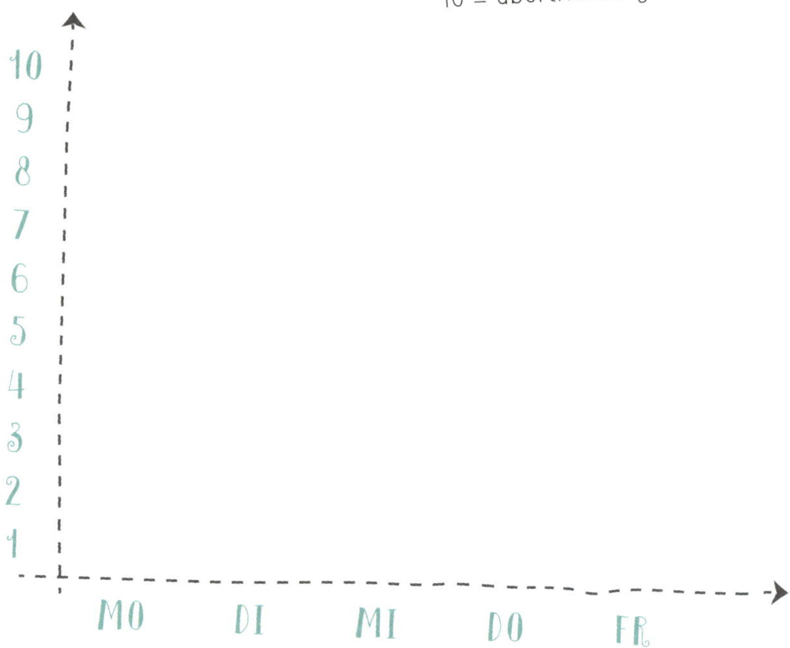

16.9.

Was denkst du, wie wirst du als
alte/r Frau/Mann aussehen?
Zeichne ein PORTRÄT von dir in
60 JAHREN.

17.9.

Bringe dir selbst einen ZAUBERTRICK bei und führe ihn jemandem vor.

18.9.

Suche diese BLUME ein zweites Mal im Buch! VIEL SPAß!

19.9.

Welches war das TRAURIGSTE/LUSTIGSTE/GRUSELIGSTE Buch, das du je gelesen hast?

20.9.

Veranstalte eine TAUSCHBÖRSE mit freunden – jeder bringt 3 DINGE mit, die er nicht mehr braucht.

HAVE FUN!

21.9.

Du hast 500 € BUDGET für einen Tag – was machst du damit?

22.9.

Bist du schon in **HERBSTSTIMMUNG**?

Wenn nicht, probier diese **3 TIPPS** aus.

Spiele den Sound von **REGEN** ab und mache dabei was total Entspannendes, ein **MANDALA** ausmalen oder ein Buch lesen.

Zünde **DUFTKERZEN** an, die sorgen für eine tolle Stimmung.

KUSCHELSOCKEN!

Regel Nummer 1, um sich auf den Herbst einzustimmen.

23.9.

Fülle die **GEDANKENBLASEN** mit positiven Ideen.

24.9.

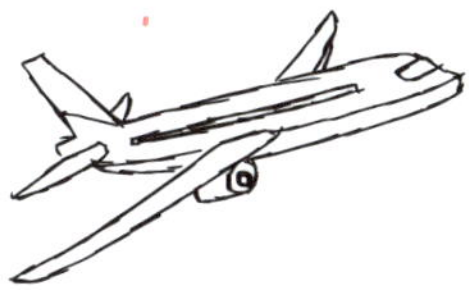

PLANE DEINE TRAUMREISE.

Wohin, mit wem, welches Transportmittel, welche Unternehmungen?

25.9.

5-MINUTEN-MAKE-UP-CHALLENGE

Was schaffst du alles in dieser kurzen Zeit? Wir haben nicht mehr als Abdeckstift, Puder und Wimperntusche geschafft :D

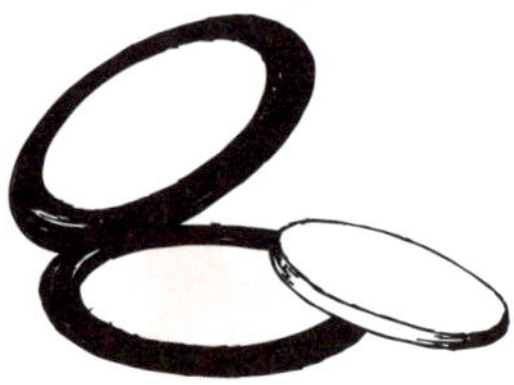

26.9.

Welches war dein erstes **HANDY**? ________________

Was war dein erstes **SCHMINKPRODUKT**? ________________

Wie hieß dein erstes **KUSCHELTIER**?

____

27.9.

Wie oft schlägt dein **HERZ** in einer **MINUTE**?
Miss mit einem Finger (aber nicht mit dem Daumen) an deinem Handgelenk oder Hals nach. Ein durchschnittlicher Ruhepuls liegt zwischen **60 UND 80** Schlägen und bei sportlicher Betätigung zwischen 120 und 200.

28.9.

Schreibe eine BEWERTUNG für ein Produkt, das du dir gekauft hast. Und vergiss nicht, Sterne zu vergeben.

☆ ☆ ☆ ☆ ☆

29.9.

Mache dir heute eine FRISUR, die du schon länger nicht mehr hattest.

30.9.

Welches dieser ABENTEUER hast du schon erlebt?

Safari ◯

Helikopterflug ◯

Tauchgang ◯

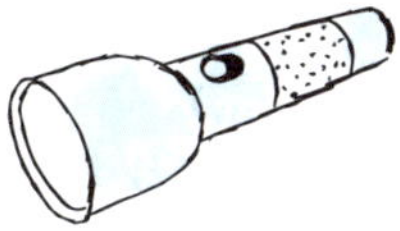

Nachtwanderung ◯

1.10.

OKTOBER: Was steht diesen Monat bei dir an?

1 ________ 12 ________ 23 ________
2 ________ 13 ________ 24 ________
3 ________ 14 ________ 25 ________
4 ________ 15 ________ 26 ________
5 ________ 16 ________ 27 ________
6 ________ 17 ________ 28 ________
7 ________ 18 ________ 29 ________
8 ________ 19 ________ 30 ________
9 ________ 20 ________ 31 ________
10 ________ 21 ________
11 ________ 22 ________

2.10.

Schreibe einen kurzen Text und lass dabei alle **SELBSTLAUTE** weg. Mal sehen, ob das Ergebnis noch jemand lesen kann.

A I O U E

3.10.

Was sind die **VOR- UND NACHTEILE** am Groß- oder Kleinsein?

GROß	KLEIN

4.10.

Mische **2 BADEZUSÄTZE** und teste sie direkt. Und? Wie war das Badeerlebnis?

SCHÄTZ MAL!

5.10.

Wie viel Zeit in deinem Leben verbringst du damit, dein **HANDY** zu suchen? ____________

Wie viele **KARTOFFELN** isst du im Monat? ____________

Wie viele Flaschen **DUSCHGEL** ____________ machst du im Jahr leer?

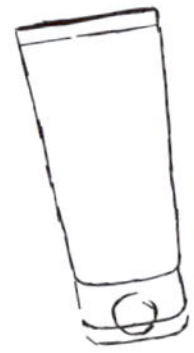

6.10.

PEACE! Poste ein Foto, auf dem du das Peace-Zeichen machst. Das ist Sarinas Standardpose :D

#SPRINGINEINEPFÜTZE
#PEACE

7.10.

DEINER MEINUNG NACH:

Welche Basics sollte jeder im Schrank haben?

8.10.

Sollte es jemals zur **ZOMBIE-APOKALYPSE** kommen – notiere vorsichtshalber schon mal deinen Überlebensplan.

9.10.

ZUCKER-ZIMT-POPCORN

1 Etwas Olivenöl in einen großen Topf geben und den Boden des Topfs mit Popcornmais bedecken.

2 Den Topf mit einem Deckel verschließen und das Ganze erhitzen, bis die Maiskörner zu poppen beginnen.

3 Nach einiger Zeit den Topf vom Herd nehmen, aber den Deckel fest auf dem Topf halten, bis alle Körner aufgeploppt sind.

4 Das warme Popcorn nun in eine Schüssel geben und mit einer Mischung aus Zucker und Zimt bestreuen. So lange umrühren, bis alles gut verteilt ist. Wenn du magst, kannst du vor der Zucker-Zimt-Mischung auch noch etwas geschmolzene Butter über das Popcorn gießen, das ist besonders lecker!

10.10.

Erschaffe eine bunte Kakteenmischung oder wie Viki es nennt – »KAKTI«.

11.10.

LIEBES TAGEBUCH …

12.10.

Wie würdest du dein **HAUSTIER** nennen, wenn es ...

... ein Hund ____________________

... eine Katze ____________________

... ein Fisch ____________________

... ein Hausschwein ____________________

wäre?

FRAG MAL DEINE MAMA:

13.10.

Wie hätte ich geheißen, wenn ich das andere Geschlecht hätte? ____________________

Was war mein erstes Wort? ____________________

Wann habe ich laufen gelernt? ____________________

14.10.

Herzlich willkommen auf deiner

persönlichen

MOTIVATIONSSEITE!

Gestalte sie – mit was auch immer

dich motiviert.

15.10.

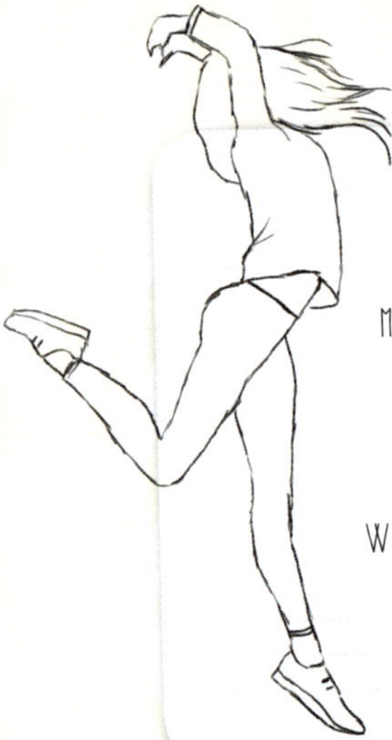

Mach zusammen mit deiner BFF ein MUSICAL.LY!
Denkt euch eine Choreo zu einem coolen Song aus und los geht's! Das macht so viel Spaß.
Wenn ihr ein Video davon postet, verwendet den Hashtag:

#SPRINGINEINEPFÜTZE

16.10.

Versuche, den Text von ALLE MEINE ENTCHEN verkehrt herum aufzuschreiben. Den letzten Buchstaben zuerst ...

17.10.

BEAUTY HACKS, die lecker schmecken.
Diese Lebensmittel sind gut für Haare, Haut
und Nägel: **WALNÜSSE, KAROTTEN, SPINAT UND KÜRBISKERNE.**
Probier's aus!

18.10.

Wie viele Stunden schläfst du im Durchschnitt? ______________

Finster oder hell? ______________

Rücken, Seite oder auf dem Bauch? ______________

Wie viele Kissen brauchst du? ______________

GUTE NACHT!

19.10.

Lass diese Seite von einem LIEBEN MENSCHEN gestalten und dich mit dem Ergebnis ÜBERRASCHEN.

20.10. HALLOWEEN-GIRLANDE-DIY

Schreibe einen HALLOWEEN-SPRUCH (»Trick or Treat« oder »Happy Halloween«) in großen Blockbuchstaben auf etwas dickeres Papier.

Diesen musst du dann nur noch AUSSCHNEIDEN und auf eine lange Schnur kleben.

So schnell bringst du Halloween-Stimmung in dein Zimmer!
Für noch mehr Halloween-Ideen, schau dir dieses VIDEO an:

21.10.

Vervollständige dieses DOODLE.
Nichts hilft besser gegen Langeweile.

22.10.

Beantworte diese Fragen nur mit JA, NEIN oder ETWAS.

Löst du gerne RÄTSEL? ____________

Hattest du schon mal SCHMETTERLINGE IM BAUCH? ____________

Vermisst du die KINDERGARTENZEIT? ____________

23.10.

Heute wird GEFEIERT!
Aber kein Erfolg, sondern ein MISSERFOLG.
Was war dein letzter Misserfolg?

____

____

____

24.10.

HEUTE:

welche Farbe hat der Tag? ______________________

Welchen Geruch? ______________________

welchen Geschmack? ______________________

Und welches Geräusch? ______________________

25.10.

Versuche, dir **MIT GESCHLOSSENEN AUGEN** die Nägel zu lackieren. Höchstwahrscheinlich wird das Ergebnis sehr lustig aussehen :D

26.10.

Klebe etwas BLAUES auf diese Seiten. Oder vielleicht ganz viele BLAUE DINGE?!

27.10.

Was davon macht dir am meisten Spaß?

FILME SCHAUEN, SERIEN SCHAUEN ODER BÜCHER LESEN?

28.10.

Das perfekte TUMBLR-ZIMMER.

Wie sieht es aus?

29.10.

Was war das **HIGHLIGHT** deines Tags?

30.10.

Verfasse einen **ZEITUNGSARTIKEL** über deinen letzten Geburtstag.

31.10.

Wie wirst du dich heute Nacht

VERKLEIDEN?

1.11.

NOVEMBER: Was steht diesen Monat bei dir an?

1 ________
2 ________
3 ________
4 ________
5 ________
6 ________
7 ________
8 ________
9 ________
10 ________
11 ________
12 ________
13 ________
14 ________
15 ________
16 ________
17 ________
18 ________
19 ________
20 ________
21 ________
22 ________
23 ________
24 ________
25 ________
26 ________
27 ________
28 ________
29 ________
30 ________

2.11.

Kannst du dich erinnern, was die letzten **5 AUFGABEN** in diesem Buch waren? Probier, sie aufzuzählen.

ABER NICHT SCHUMMELN!

3.11.

Weißt du eigentlich, was **DEIN NAME** bedeutet?

TIPP: Im Internet kannst du danach forschen.

4.11. DAS PERFEKTE HOTEL

Wo steht es? ______

Was bietet es an? ______

Wie viel kostet eine Nacht? ______

Was macht es besonders? ______

______

5.11.

Versuche, das Wort »LIEBE« auf Arabisch, Russisch und Japanisch zu schreiben.

______ ______

______

6.11.

JUST A RAINBOW PAGE

7.11. WENN DU YOUTUBER WÄRST …

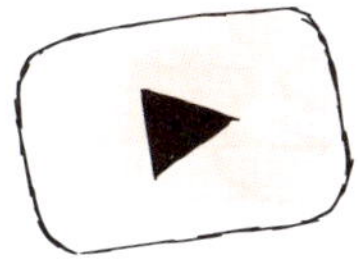

Wie würde dein Kanal heißen?

Welche Videos würdest du machen?

Und wie oft würdest du hochladen?

8.11. TASSEN-BEMALEN-DIY

Es gibt Stifte zum Bemalen von Porzellan zu kaufen, mit denen man Tassen verschönern kann. Damit kannst du deine individuelle Lieblingstasse kreieren oder jemandem ein besonderes Geschenk machen. Auch wenn du der Meinung bist, nicht besonders gut zeichnen zu können, dieses Design kriegt jeder hin: Male goldene Punkte gleichmäßig verteilt auf die gesamte Tasse.

DAS SIEHT BESTIMMT STYLISCH AUS!

9.11.

Google nach **FILM-TOPLISTEN** und schau dir davon einen Film an, den du noch nicht kennst.

☆ ☆ ☆ ☆ ☆

10.11.

ZOO VON OBEN:

Welches Tier setzt du wo rein?

Dieses Spiel hat Sarina schon 74937 Mal gespielt :D

11.11.

Challenge für heute!

WUT RAUSLASSEN –

so richtig aufregen und dann wieder vergessen und glücklich sein.

12.11.

Lust auf noch eine **WIKIPEDIA-CHALLENGE?** (Falls du nicht weißt, was das ist, schau auf Seite 89 nach!) Wie viele Klicks brauchst du, bis du zu **CHIHUAHUA** gelangst?

13.11.

Zeichne einen **BILDERRAHMEN** um diese Seite.

PRO-TIPP:

Oder klebe ihn mit Stickern oder Washi Tape auf.

14.11.

FÜHRE EINE STRICHLISTE:

Wie oft hast du heute gelacht?

15.11.

Viel Spaß mit diesem

MANDALA!

16.11.

Bastle entsprechend deiner LAUNE einen WETTERBERICHT. Was kommt in den nächsten 3 Tagen auf dich zu?

17.11.

Schreibe deinen Namen SO KLEIN, wie du nur kannst.

und jetzt HAUCHDÜNN

und jetzt nochmal mit jeder Menge SCHNÖRKEL.

18.11.

Welche **3 SEHENSWÜRDIGKEITEN** willst du in deinem Leben unbedingt noch sehen?

1 ______________________________

2 ______________________________

3 ______________________________

19.11.

Welcher **EMOJI** beschreibt …

… deine **BFF**?

… deine **MAMA**?

… deinen **OPA**?

… deinen **NACHBARN**?

20.11.

Versuche, dich für einen Tag lang **VEGAN** zu ernähren.

CHALLENGE ACCEPTED?

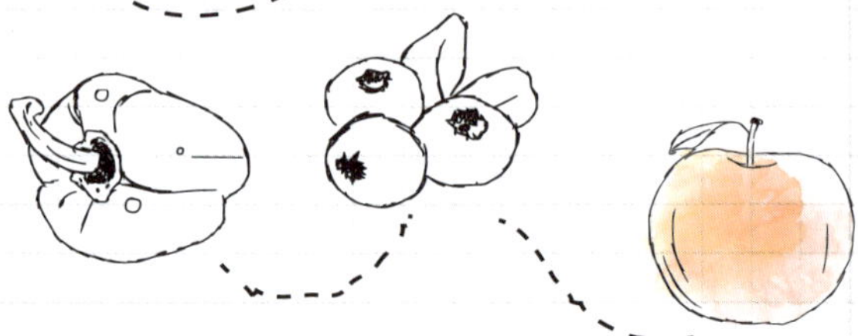

KANNST DU DICH NOCH ERINNERN?

21.11.

Worüber hast du bei der letzten **AUTOFAHRT** nachgedacht? ______________

____

Welcher war der **ERSTE FILM**, den du jemals im Kino gesehen hast? ______________

____

Wann hast du zum ersten Mal **KAFFEE** getrunken?

____

TIPPS GEGEN ERKÄLTUNGEN IM WINTER

22.11.

- Tee – natürlich! Diese Sorten helfen ganz besonders: Ingwer, Zitrone & Kamille.

- Ein heißes Bad mit ätherischen Ölen hilft, um besser durchatmen zu können.

- Wenn du abends schon ein Kratzen im Hals spürst, gehe mit Schal ins Bett. Dann brechen die Halsschmerzen erst gar nicht aus.

23.11.

Falls du irgendwann mal einen neuen **PLANETEN** entdecken würdest, **WIE NENNST DU IHN?**

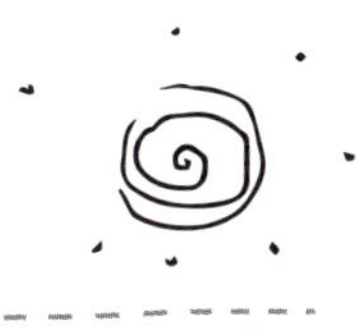

24.11.

Schreibe das

WICHTIGSTE EREIGNIS

für jedes deiner Lebensjahre auf. :)

25.11.

SCHOKO-PIZZA

130 g Blockschokolade und 100 g Butter
im Wasserbad zusammen schmelzen.

65 g Mehl, 100 g Zucker, 1 TL Backpulver und 2 Eier unter die geschmolzene, aber abgekühlte Schokoladen-Butter-Masse mengen und zu einem Teig verkneten.

Nun den Teig ausrollen und ungefähr 15 Min. im vorgeheizten Backofen bei 180° C backen.

Für den Belag schmelze wieder etwas Blockschokolade und verstreiche sie auf dem fertigen Pizzateig.

Zuletzt noch gehackte weiße Schokolade, Mini-Marshmallows und Smarties auf der Pizza verteilen. Fürs gute Gewissen kannst du auch noch Bananenscheiben und halbierte Erdbeeren dazulegen!

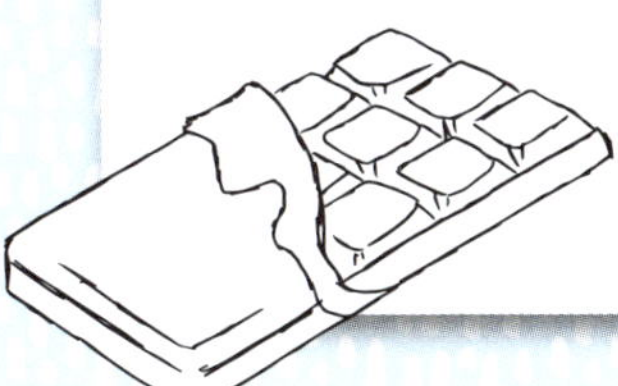

GUTEN APPETIT!

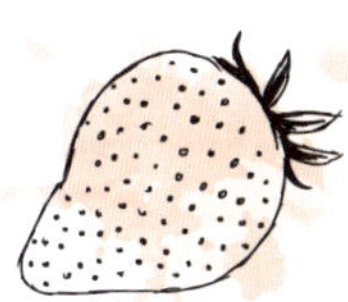

26.11.

Sarina ist süchtig nach **CLUEDO.**

Nimm dir etwas Zeit und spiele ein

GESELLSCHAFTSSPIEL

mit deinen Lieben.

27.11.

Auf einer Skala von **1 BIS 10:**

Wie gut kannst du folgende Dinge?

KOCHEN 1 2 3 4 5 6 7 8 9 10

ORDNUNG HALTEN 1 2 3 4 5 6 7 8 9 10

SINGEN 1 2 3 4 5 6 7 8 9 10

FRISUREN MACHEN 1 2 3 4 5 6 7 8 9 10

28.11.

SPEISEKARTE

Was würde es in deinem Restaurant geben?

29.11.

Verziere diese Seite

IN VÖLLIGER DUNKELHEIT.

Mach das Licht erst wieder an, wenn du fertig bist.

30.11.

Rezept für einen perfekten Tag.

ZUTATEN:

ZUBEREITUNG:

1.12.

DEZEMBER: Was steht diesen Monat bei dir an?

1 ________	12 ________	23 ________
2 ________	13 ________	24 ________
3 ________	14 ________	25 ________
4 ________	15 ________	26 ________
5 ________	16 ________	27 ________
6 ________	17 ________	28 ________
7 ________	18 ________	29 ________
8 ________	19 ________	30 ________
9 ________	20 ________	31 ________
10 ________	21 ________	
11 ________	22 ________	

2.12.

Mit diesen **3 HACKS** bist du superschnell in Winterstimmung.

VIEL SPAß!

- Krame deine Mützen und Schals hervor und überlege dir coole Outfits damit!
- Mache einen langen Spaziergang und wärme dich danach mit einer heißen Tasse Tee wieder auf.
- Überlege dir schon mal, was du dir zu Weihnachten wünschen willst.

3.12.

WIE VERBRINGST DU WEIHNACHTEN?

- Mit der Familie
- Mit mehr als 10 Personen
- Unter dem Weihnachtsbaum
- Zu Hause
- In einem anderen Land
- Mit 738491 kg Keksen
- In der Kirche

4.12.

INSTAGRAM-INVENTUR

Wie viele Fotos hast du gepostet? ____________

Wie viele Leute abonniert? ____________

Und von wem ist das neueste Bild
in deiner Timeline? ____________

5.12.

DIY WEIHNACHTSGESCHENK

1 Streiche ein Holzbrett mit Acrylfarbe an.

2 Drucke dir eine Vorlage des gewünschten Worts oder Buchstabens aus und klebe sie auf das Brett.

3 Jetzt am Rand jedes Buchstabens entlang im Abstand von ungefähr einem Zentimeter Nägel in das Brett schlagen.

4 Wenn das erledigt ist, kann die Papiervorlage abgerissen werden.

5 Verbinde nun die einzelnen Nägel jedes Buchstabens mit Wolle. Mache das so oft, bis der Buchstabe klar erkennbar ist.

6 Die Wollenden einfach festknoten und mit Bastelkleber fixieren.

6.12.

DAS HAUS VOM NIKOLAUS –

wie viele Versuche brauchst du?

7.12.

Räume die **UNORDENTLICHSTE** aller Schubladen auf. Jeder hat so eine Lade :D

8.12.

#CHRISTMASVIBES –
poste etwas Weihnachtliches, um deine Follower in Weihnachtsstimmung zu versetzen.

9.12.

Gehe mit Freunden auf den **WEIHNACHTSMARKT**. Jeder kauft sich etwas anderes leckeres und dann darf jeder bei jedem probieren.

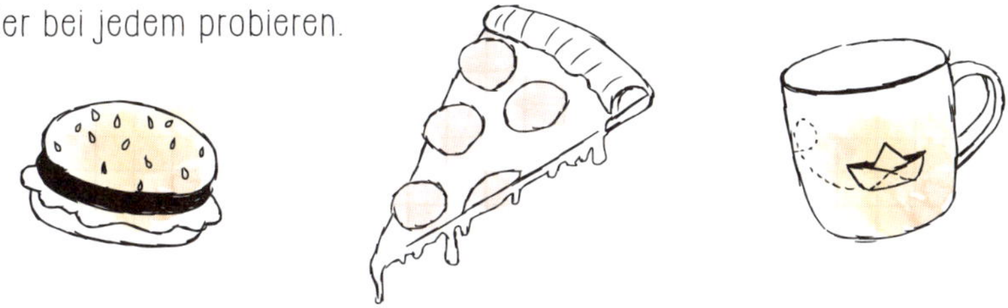

10.12.

Lass uns eine Wette abschließen! Was denkst du: Zu wie viel Prozent wird an Weihnachten **SCHNEE** liegen?

1 % ______________________________ 100 %

11.12.

Deine persönliche **TOPLISTE** aller

WEIHNACHTSNASCHEREIEN

1 ______________________________

2 ______________________________

3 ______________________________

4 ______________________________

5 ______________________________

6 ______________________________

7 ______________________________

8 ______________________________

12.12.

Nach was würde die perfekte **DUFTKERZE** riechen?
Du entscheidest!

13.12.

Bist du noch nicht richtig in
WEIHNACHTSSTIMMUNG?
Dann gestalte eine
WEIHNACHTSCOLLAGE –
danach wirst du dich wie ein
Weihnachtself fühlen :D

14.12.

Die perfekte

WEIHNACHTS-PLAYLIST ...

☆

☆

☆

☆

☆

☆

☆

15.12.

Schreibe einen BRIEF an einen
Menschen, den du gerade VERMISST
(auch wenn du ihm den Brief vielleicht nicht mehr überreichen
kannst oder möchtest).

Manchmal muss man sich die Gefühle
von der Seele schreiben.

16.12.

Bald ist Weihnachten!!

VERZIERE DIESES KLEINE HÄUSCHEN

mit so viel Weihnachtsdeko, wie du nur kannst.

17.12.

Wann hattest du das letzte Mal einen LACHANFALL? ....

Worum ging es? ....

....

WEIHNACHTSKEKSE 18.12.

1 180 g Mehl, 120 g Puderzucker, 2 Eier, 1 TL Backpulver, 110 g Butter, 1 Schuss Milch, 50 g Mandeln und ein Päckchen Vanillezucker zu einem Teig verkneten.

2 150 g Zartbitterschokolade grob hacken, unter den Teig heben und vermengen.

3 Aus der Masse eine Kugel formen, in Frischhaltefolie wickeln und für eine halbe Stunde in den Kühlschrank stellen.

4 Forme aus dem Teig kleine Häufchen und lass sie auf einem mit Backpapier belegtem Blech für 10 Min. bei 190° C backen.

19.12.

Erinnerst du dich an 3 WERBUNGEN,
die du heute gesehen oder gehört hast?

Versuch mal, sie wiederzugeben.

1

2

3

20.12.

WIE VIELE JAHRE, MONATE, TAGE, STUNDEN UND MINUTEN BIST DU ALT?

21.12.

YUMMY!

Verziere diese Weihnachtsplätzchen.

22.12.

EINPACK-IDEEN

- Fädle Glöckchen und goldene Perlen auf ein Geschenkband. So sieht es nicht nur hübsch aus, sondern klingt auch wunderschön.
- Tauche die Rückseite eines Bleistifts in Farbe und bestemple damit einfarbiges Geschenkpapier. Und schon ist es ein Hingucker!
- Packe weihnachtliches Konfetti ins Geschenk mit ein. Dann gibt's gleich eine doppelte Überraschung.

23.12.

Was ist davon jeweils das SCHÖNSTE, das du besitzt?

BUCH(COVER) ____________________

DEKOARTIKEL ____________________

SCHMINKPRODUKT ____________________

SCHMUCKSTÜCK ____________________

24.12.

Um die Wartezeit bis zum Abend zu verkürzen, mach doch Punsch für die ganze Familie.

AUßERDEM:

Was wäre Weihnachten ohne

WEIHNACHTSPUNSCH?!

1 Bringe 1 l Wasser in einem großen Topf zum Kochen und lass darin 3 Früchteteebeutel ziehen.

2 Füge noch 1/3 l Orangensaft und 1/3 l Apfelsaft hinzu.

3 Außerdem 4 Gewürznelken, 1 TL Zimt und 1 Prise Vanillezucker einrühren.

4 Für die gewünschte Süße kannst du noch Honig dazugeben.

CHEERS auf einen wunderschönen Weihnachtsabend!

25.12.

Schau mal in den Hashtag

#SPRINGINEINEPFÜTZE

und like 5 Fotos.

26.12.

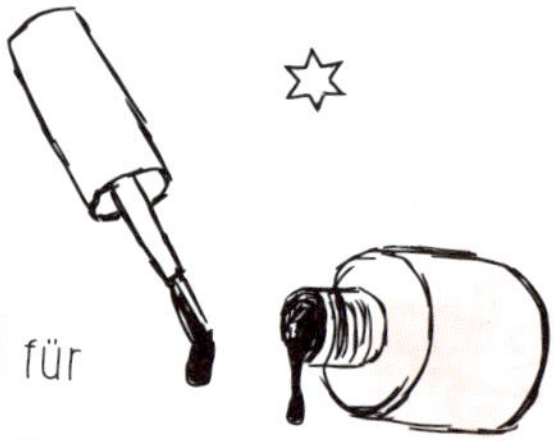

Erfinde einen **WERBESPRUCH** für einen Nagellack, der je nach Stimmung die Farbe verändert.

27.12.

Schreibe eine **REZENSION** über das **BUCH**, das du zuletzt gelesen hast.

Wenn du willst, kannst du die Bewertung ja auch im Internet veröffentlichen.

28.12.

Das musst du unbedingt mal machen!

HAKE AB!

Einen Liebesbrief schreiben

Durchs Gelände reiten

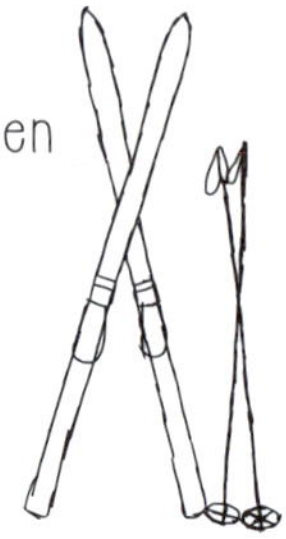

Lachen bis die Tränen kommen

Ein Rezept erfinden

Skifahren

29.12.

JAHRESRÜCKBLICK!

Beschreibe dein Jahr in 5 Worten.

- - - - - - - - - - - - - -

- - - - - - - - - - - - - -

- - - - - - - - - - - - - -

- - - - - - - - - - - - - -

- - - - - - - - - - - - - -

30.12.

Kannst du dich erinnern, was du **HEUTE** genau **VOR EINEM JAHR** getan hast?

31.12.

HAPPY NEW YEAR

Verziere diese Seite mit einem Feuerwerk.

IMPRESSUM

MIX
Papier aus verantwortungsvollen Quellen
FSC® C106632

7. Auflage

Weyerstraße 88–90
50676 Köln

Texte: ViktoriaSarina
Layout, Design & Illustration: BUCH & DESIGN Vanessa Weuffel
Satz: BUCH & DESIGN Vanessa Weuffel
Projektmanagement: Yasmin Reddig

Gesetzt aus der Hipsterish Pro © Hello I'm Flo,

DK Innuendo © David Kerkhoff und der Fedra Serif © Peter Bil'ak

Bildnachweis: © Hannes Loske: S. 223, Abbildung Cover-Sticker

Gesamtherstellung: Community Editions GmbH

ISBN 978-3-96096-035-5

Printed in Latvia

www.community-editions.de

ABKÜRZUNGEN:

EL = Esslöffel

TL = Teelöffel

g = Gramm

l = Liter

Wow! Ein zweites »Spring in eine Pfütze«!
Unglaublich, oder?! Wir können es gar nicht fassen!!
An erster Stelle danken wir allen Lesern und Fans.
Wir sind unendlich stolz darauf, eine so großartige Community wie euch zu haben. Eine richtige #VikiSarinaFam ♥ DANKE! Wir haben euch lieb und freuen uns auf alles, was noch kommt :)
Außerdem geht ein riesengroßes Dankeschön an unsere Familien! Was wären wir schon ohne euch? Danke, dass ihr uns unterstützt und uns alle Freiheiten lasst.
Ihr seid einfach alles für uns ♥
Vielen Dank an Anne – du bist so eine tolle Persönlichkeit und hast immer wieder kreative Anregungen und Ideen für uns. Und ohne dich, liebe Moni, würde es dieses Buch nicht geben – daaanke dafür!
Dankeschön an Studio71 und Community Editions für die schöne Zusammenarbeit (: